**그렇게
피의자가 된다**

정경심 교수 자산관리인의 이야기

그렇게 피의자가 된다

김경록 지음

다반
좋은책 책방

"힘없는 정의는 무기력하다. 정의 없는 힘은 전제적이다. 힘없는 정의는 반격을 받는데, 왜냐하면 항상 사악한 자들이 있기 때문이다. 정의 없는 힘은 비난을 받는다. 따라서 정의와 힘을 결합해야 한다. 그리고 이를 위해서는 정당한 것이 강해지거나, 강한 것이 정당해져야 한다. 그러나 사람들은 정당한 것을 강한 것으로 만들 수 없었기 때문에 강한 것을 정당한 것으로 만들었다."

— 파스칼

차례

IV. 언론쇼 이후에 펼쳐지는 재판

V. 돌아오지 않는 일상

I. 자물쇠 없는 키맨이 되다

프로와 아마추어

"법무법인 ○○입니다. 혹시 동양대에서 가지고 온 PC 들고 있으면, 변호사 사무실로 좀 가져다줬으면 좋겠습니다."

전화가 걸려 온 것은 2019년 9월 3일 오후다. 지난주 토요일에 정경심 교수와 경북 영주에 있는 동양대에 내려가서 컴퓨터 한 대를 내 차에 실었었다. 정경심 교수는 부산에서 다음 날 시어머니를 모시러 가는 일정이 있다고 해서, 그 컴퓨터를 9월 2일에 전해 주기로 하고 나만 혼자 서울로 출발했었다. 전달하기로 한 날, 조국 교수의 기자간담회 때문에 정신이 없어서인지 컴퓨터를 전달할 수 없었고, 다음 날 이런 전화가 걸려 온 것이다. 내 PC가 아니다 보니 내가 마음대로 누구에게 줄 수는 없는 노릇이어서 정경심 교수에게 전화를 했다.

"이인걸 변호사가 동양대 PC 좀 갖다 달라고 연락이 와서 전화드렸는데, 어떻게 할까요?"

"아, 그게 검찰이 동양대학교 압수수색을 한 것 같은데 PC가 없으니까 가져오라고 한 것 같아. 내가 지금 서초동 변호사 사무실로 가고 있으니까, 그리로 좀 부탁할게. 그리고 혹시 PC에 손댄 거 있어?"

"아니요, 차에 그대로 있는데, 하여간 그러면 서초동으로 갖다 드릴게요."

이렇게 전화를 끊고 바로 서초동으로 출발했다. 차가 너무 막혀 결국 중간 지점인 잠원동에서 정경심 교수를 만나 컴퓨터만 전달하고 집으로 가는 중에 다시 전화가 왔다.

"법무법인 ○○인데요, 검찰에서 김경록 씨 참고인 조사 들어오라고 연락이 왔어요. 검찰에 가셔야 하는데, 그냥 가지 말고 잠깐 서초동 사무실에 들렀다 가시면 될 것 같아요."

그래서 다시 방향을 그 막히는 서초동으로 바꿔 사무실 지하주차장에 차를 세우고 변호사 사무실로 들어갔다. 그 자리에 정경심 교수는 없었고 이인걸 변호사와 몇 명 변호사들이 있었다.

"검찰에서 참고인 조사 들어오라고 하는데, 컴퓨터를 왜 가지러 갔냐고 물어보면 그냥 애들 자료 보러 갔다고, 유리한 자료 확보하러 갔다 뭐 그렇게 얘기하면 될 거예요."

이인걸 변호사가 말을 계속 이어 나갔다.

"뭐 거기 특수부에 있는 애들, 내가 다 아는 애들이니까 그냥 편하게 이야기하고, 휴대폰 같은 거 제출하라 그러면 그냥 제출하고, 검찰에 협조하면 별일 없을 거예요. 그러고 참고인 조사 끝나면 다시 사무실로 와서 조사 관련 이야기만 해주시면 될 것 같네요."

그러고는 이인걸 변호사는 혼잣말로 중얼거렸다.

'아휴, 뭐 하러 PC를 들고나와서~.'

이인걸 변호사는 조국 교수가 민정수석일 때 같이 일했던 전 청와대 특감반장 특수부 검사 출신이다. 특수부에 아는 사람이 많다고 걱정 말라고 하면서, 지금 일어나고 있는 일들을 조금은 가볍게 얘기하는 것이 마음에 걸렸다. 이런 느낌은 이번이 처음이 아니었다. 훗날 검찰과 언론에 의해 '증거인멸 대책 회의'라고 거창하게 명명되었던 지난주 회의에서도 비슷한 느낌을 받았다.

그래서 조국 교수와 잠시 이야기를 나눌 시간이 있을 때

넌지시 물어본 적이 있었다.

"정경심 교수님 변호사는 어떤 사람이에요?"

"이인걸 변호사는 저와 청와대에서 같이 일했던 동료로 믿을 만한 분이고, 아주 유능한 사람입니다."

이것이 이인걸 변호사에 대한 조국 교수의 생각이었다.

검찰과 언론들이 목숨 걸고 조국 교수와 그 가족들의 숨통을 조이겠다고 덤비고 있는데, 정경심 교수 변호인이라고 하는 이인걸 변호사는 태연하게 '난 검찰 누구, 누구와 친해서 괜찮아'라는 식으로 한다는 게 도무지 이해가 되지 않았다.

'네가 아무리 친해 봤자, 넌 지금 밖에 나와 있는 변호사인데 이걸 지금 일반적인 형사사건 다루듯 그냥 잘 협조하면 된다는 게 말이 돼? 지금 이게 특수부 출신 전관인가 뭔가 하는 걸로 풀 문제는 아닌 것 같은데.'

속으로 이렇게 생각을 하면서도 지금까지 경험이 없던 나로서는, 이인걸 변호사의 말을 어쨌든 믿을 수밖에 없었다. 동양대에서 가져온 PC는 아마도 정경심 교수가 이인걸 변호사에게 전달해서 검찰에 제출했을 것 같고, 나도 뭐 특별히 잘못한 게 없다고 생각해서 앞으로 벌어질 어마어마한 일들에 대해서 전혀 예상하지 못했다. 어떤 방어권도 행사하지 못하고, 검찰에 협조하라는 아마추어 같은 초기 대응을 했던 이인걸 변호사의 말이 지금도 내 마음속에 한이 되어 남아 있다.

그중에서도 나를 가장 화나게 하는 것은 '유리한 자료 확보'라는 말이다. 형법에는 유리한 증거든, 불리한 증거든 그걸 숨기는 그 자체가 불법으로 해석될 수 있고, '유리한 자료'를 확보한다는 식의 진술은 그냥 내가 증거를 은닉했습니다가 될 수밖에 없다. 정경심 교수도 마찬가지겠지만 난 정말 컴퓨터에 뭐가 있는지도 몰랐다. 또한 당시의 나는 법을 몰라도 너무 몰랐을 뿐이다.

법 쪽에서 프로와 아마추어의 차이는 아주 간단하다. 프로는 핸드폰에 비밀번호 16자리를 걸고 자신의 어떤 자료도 주지 않는 것이며, 아마추어는 PC, 핸드폰, 자료, 사랑(?)도 그냥 다 주는 것이다.

진정한 프로들은 풀 수 없는 비밀번호를 핸드폰에 걸고 그 무엇도 주지 않으면서 이렇게 핑계를 댄다.

"난 이번 일과 관련해서는 죄도 없고, 잘못한 것도 없고

찔리는 것도 없지만 별건 수사에 대비하기 위해 그걸 줄 수
없다."

비난을 받으면서까지 완고하게 끝까지 버티는 검사는 생
각하고 있을 거다. 도덕적으로 비난은 받아도, 그것을 내어
주었을 때 벌어질 어마어마한 일들을. 그럴 일은 절대 없겠
지만 혹시 그가 죄가 없더라도, 죄인이 될 수밖에 없다는 것
을.

이인걸 변호사는 별건을 넘어 별의별건을 대비하고 준비
했어야 했다. 사모펀드 하나로 돈에 대한 모든 것을 낱낱이
파헤쳐서 미공개 정보이용까지 넘어가고, 입시비리라는 명
목으로 관련 자료를 다 뒤지다가 특별히 뭐가 없자, 총장이
준 적이 없다는 이야기로부터 표창장 위조로 번지는…. 아마
도 그런 것조차 없었다면 그들은 아들과 딸의 두발상태, 복
장불량으로 트집을 잡고 교장과 학생부장의 묵인하에 특혜
를 받았다고 주장할 태세였다.

검찰이 별건 수사를 하기 위해서는 여론을 바탕으로 한
수사의 당위성을 확보해야 한다. 그들에게 여론을 형성하는
것은 그리 어렵지 않았다. 언론의 먹잇감으로 또는 언론이
사용할 도구로 누군가를 점찍고 흘리면 그만이다. 그들은 그

렇게 수단을 위한 도구로 나를 전락시켰고, 그 도구를 마음껏 사용하기 시작했다. 딱 도구1의 물건으로 나를….

지금부터 정당한 법 절차 안에서 여러 사안을 수사하는 것은 당연하다라는 인식을 세상에 심어 줬던, 그들의 부당성과 불합리성에 대한 이야기를 하려고 한다. 정말로 처참하고 치욕스러운 기억이지만, 인간이 아닌 도구1의 입장에서.

*

나는 한국투자증권의 영업사원이다. 그냥 주식과 펀드를 파는 증권사 직원일 뿐이다. PB(Private Banker), 자산관리사. 지금까지 그 어떤 고객도 나를 이런 호칭으로 부른 적이 없다. 이 명칭은 조국 법무부장관 임명 이후, 언론과 검찰에 의해 일반적인 용어가 되기 시작했다. 이제는 고객들도 나를 김PB라고 부른다. 가끔 인터넷상에서는 김PD라고도…. 은행이나 증권사와 거래하면서 본인이 자산을 관리받는다는 느낌을 가지고 있는 사람이 과연 있을까? 그래서 증권사에서도 지점과 지점 영업사원을 리테일이라고 호칭하고 구분한다. 정경심 교수는 자산을 주식 위주로 가지고 있으며, 그 주식을 사고파는 일을 내가 한다. 내 고객 전체의 상위 30%

수준으로 내 고객 기준으로도 VIP가 아니고, 회사 기준으로도 소위 말하는 고액 자산가인 VVIP는 더더욱 아니다. 회사에서는 정기적으로 VIP 자격 조건이 되는 고객들에게 호텔 식사권이나 임원들과의 골프 라운딩 혜택을 제공한다. 정경심 교수는 이에 선정된 적이 단 한 번도 없었으며, 문화상품권 10만 원을 받은 게 전부인 그런 고객 등급이었다. 고액 자산가(?)인 정경심 교수와 그 고액 자산을 관리하는 김경록 PB는 도대체 어디서, 어떻게 탄생한 것일까? 그리고 이런 허상의 인물들은 왜 필요했을까? 나의 이야기와 함께 계속 탄생하는 이런 허상들의 존재 이유와 그 의도도 잘 읽혀졌으면 하는 바람이다.

특수부 조사가 시작되다

검찰에서 7시까지 참고인 조사를 받으러 오라고 해서, 변호사 사무실에서 제공한 차를 타고 검찰청 주차장으로 갔다. 그 주차장에 나와 있던 수사관 차를 타고 지하주차장으로 들어갔다. 아마도 내가 참고인 수사를 받는다는 것을 언론에 알리지 않으려는 배려라고 생각했다. 물론 이것이 완전한 착각이라는 것을 깨닫기까지는 그리 오랜 시간이 걸리지 않았다. 하여간 11층으로 기억되는데, 거기는 안에서 열어 줘야만 들어갈 수 있는 구조였다. 일반 검사들이 출입증을 제시한다 해도 들어갈 수가 없는 그런 곳이다.

난 내가 잘못한 게 전혀 없었기 때문에 검사실에 들어갈 때까지 별로 긴장되지도 않았고, 오히려 매우 당당한 상태였다.

그렇게 임○○ 검사실에서 참고인 조사가 시작되었다.

"동양대 PC에서 도대체 뭘 보려고 내려갔느냐?", "정경심 교수가 너에게 어떤 존재냐?", "그 시간에 몰래 내려가서 PC를 들고나온 이유가 뭐냐?"는 등 임○○ 검사는 내가 동양대에 내려간 일에 대해 자세히 물어봤고, 나는 이인걸 변호사가 시킨 대로 있는 그대로를 진술했다. 사실 시킨 거라고 해봤자 '유리한 자료', '유리한 증거'라는 말뿐이었으니까. 나는 정말 있었던 일을 얘기했다.

관련 질문이 수차례 계속되면서 조사가 마무리 단계에 이르렀다.

"핸드폰 임의제출 해주실 수 있나요?"

"네 제출할게요. 근데 변호사 사무실에 차가 있고 거기에 핸드폰이 있는데 어떡하죠?"

그래서 수사관 차를 타고 변호사 사무실에 가서 핸드폰을 들고 다시 검사실로 돌아왔다. 그 검사실에는 임○○ 검사 대신에 최○○ 부부장 검사가 앉아 있었다. 나중에 알게 된 사실이지만 최○○ 부부장 검사는 삼성바이오로직스 관련해 이재용을 집중적으로 수사한 핵심 검사란다. 하여간 참고인 조사 분위기는 완전히 바뀌었다.

최○○ 부부장 검사는 180cm 정도 되는 키에 눈에 흉터가 있으며, 결코 좋은 인상은 아니었다.

"도대체 뭘 보려고 그 시간에 거기 몰래 내려가 PC를 가지고 와서, 이거를 차 트렁크에 숨긴 이유가 뭐냐? 정경심 교수와 무슨 사이냐? 지금 검찰 조사 받는 거 모르냐, 기사 같은 것도 안 봤냐? 대학은 나왔냐? 그게 상식적으로 말이 되냐? 강압에 의해 어쩔 수 없이 간 거냐? 없애라고 그랬냐?…"

끊임없이 반복해서 물으며 강압적인 분위기를 조성했다. 굳이 그렇게 이야기 안 해도 생김새부터가 가뜩이나 험상궂게 생겼는데, 말도 저렇게 무식하게 하니 더 이상 검찰에 협조할 생각이 들지 않았다.

"협조적으로 조사를 받고 있는데, 갑자기 이렇게 협박하듯이 하면 저는 더 이상 조사에 응하지 않고, 핸드폰도 제출하려고 가지고 왔는데 그것 또한 제출하지 않겠습니다."

"그러면 당장 긴급체포할 수밖에 없습니다."

"지금 핸드폰 안 준다고 긴급체포할 수 있는 사안인가요?"

최OO 부부장 검사는 긴급체포가 가능하며, 당장 집어넣을 수 있다며 협박을 계속했고, 이렇게 실랑이가 계속되다가 결국 새벽 3시경에 핸드폰을 임의제출하고 참고인 조사를 마치게 되었다.

다음 날 아침 이인걸 변호사에게 조사 받은 내용과 누구에게 조사를 받았는지 자세히 설명을 했더니, 같이 동석한 변호사들이 그 내용을 받아 적기 시작했다. 그리고 혹시 필요하면 연락하라며, 자신과 코업하는 변호사라는 이의 연락처를 주면서 이인걸 변호사가 말했다.

"아 그 검사, 나 있을 때 뭐 다 있던 애들이네요. 당근과 채찍, 우리 때도 그렇게 많이 했어요. 원래 그런 식으로 하니까 너무 걱정 말아요."

또 이런 식이다. 이런 상황을 듣고도, 다 아는 애들이라고, 다 그렇게 하는 거라고, 왜 이런 말이 나오는지 정말 답답한 노릇이다. 그나마의 위안은, 내가 이미 이런 말에 큰 기대를 하지 않았다는 것이다.

＊

증권회사 영업사원으로 고객을 자주 만나 주식과 관련된 이야기와 사적인 이런저런 이야기를 나누는 것은 나만의 영업 방식이다. 특별한 일이 없으면 오전에 1명, 오후에 1명의 고객을 무조건 만나는 것이 나의 하루 일과다. 이런 영업방식 때문에 고객들의 여러 상황과 사소한 사정들을 많이 아는 편이다. 물론 모두와 다 친하고 가깝게 지내는 것은 아니다. 개인적으로 성향이 좀 맞고 대화가 잘 통하며, 나에게도 잘 대해 주는 고객 위주로 만나는 편이며, 그렇게 내가 적극적으로 영업하는 고객은 30% 정도이다. 나머지는 가끔 만나 사무적으로만 일을 처리하는 방식으로 고객 관리를 진행했다. 내가 적극적으로 영업하는 고객 30%에 정경심 교수가 포함되어 있다.

2013년도에 처음으로 정경심 교수와 거래를 시작했다. 원래 방배지점에 있던 본부장이 목동지점으로 오면서 나에게 소개해 준 고객이다. 소개라기보다는 자신의 고객 중에 조국 교수 사모님 뭐 이런 분이 있는데 영업이 잘 안 되니 나보고 한번 섭외를 해보란다. 사실 조국 교수가 누구인지도 몰랐고 그런 사실이 중요하지도 않았다. 내 고객으로 영업할 대상은 정경심 교수였다. 아주 정성껏 메일을 쓰고 수차례 메일을 보내서야, 정경심 교수를 목동에서 만날 수 있었다. 처음 만나는 것조차도 쉽지 않은 그런 고객이었다. 내가 어떻게 학교를 다녔고, 어떤 삶을 살고 있다는 등의 이야기를 하면서 그런 삶의 자세로 고객들의 주식을 관리한다고 설명했다. 그리고 회사에서 하라는 것을 하는 것이 아니라, 내 판단과 고객 중심으로 생각을 하고 관리한다고 덧붙였다. 예전에 증권사 직원에게 추천받은 주식이 상장폐지가 되어 담당자에게 전화했는데 그 사실을 모르고 있는 황당함을 겪은 탓인지, 처음에 만나고 거래를 하기까지가 무척 어려웠다. 그렇게 우여곡절 끝에 거래가 시작되었고 한번 믿기 시작하니까 거의 전적으로 믿음을 줘서, 대부분의 자산을 주식으로 관리하게 되었다. 그동안 조국 교수의 누구, 조국 교수의 부인 등의 이야기에 지쳐 있었기에 오로지 정경심 교수 입장에서만 이야기하는 나를 신뢰한 것 같았다. 그런데 정말 처음에는 조국 교수가 누군지도 몰랐고 관심도 없었다.

토끼몰이

9월 4일 새벽 참고인 조사가 끝나고 돌아온 서초동 변호사 사무실에는 불도 꺼졌고 모든 문이 잠겨 있었다. 물론 지하주차장의 문도 잠겼다. 지갑은 차에 있고 핸드폰은 검찰에게 뺏기고 한순간에 서초동 거지가 되었다. 그래도 다행히 애플워치에 통화목록이 있었고 인천에 사는 친구에게 어떻게 연락이 닿았다. 택시를 타고 가서 하룻밤을 신세졌다.

새벽까지 이어진 검찰조사에다 잠도 설쳐 몸은 천근만근이고 정신은 비몽사몽. 아예 출근을 못 할 거 같아서, 우선 회사에 전화를 했다.

"저 김경록인데요…"

"아 차장님, 무슨 일 있으세요? 지금 사무실에 기자들이 몰려와서 난리도 아니에요. 저도 무슨 일인지는 모르겠는데. 하여간 뭔가 큰일이 단단히 난 거 같아요."

어제 아니 오늘 새벽 3시 넘어서 조사가 끝나고 몇 시간도 되지 않은 상황. 난 누구한테 이 이야기를 한 적이 없었다. 그런데 벌써 내 이름과 회사 등의 개인정보가 기자들한테 다 넘어갔다고 생각하니 너무도 분하고 화가 치밀었다. 뒤도 볼 것 없이 바로 검찰청으로 향했다.

임OO 검사는 처음에 회의가 있다고 만나 주지도 않았다. 수사관에게 이런 상황에 대해 계속적으로 따지고 물으니까 그제서야 임OO 검사를 만나게 해줬다.

"지금 제가 새벽 3시까지 조사 받으면서 핸드폰도 뺏기고 지갑도 없어서 밤새 개고생을 하다가 왔는데, 어떻게 기자들이 우리 사무실에 그렇게 와 있을 수 있습니까? 임OO 검사 당신이 이야기한 것으로밖에 난 생각할 수가 없습니다."

"왜 그렇게 됐을까요? 난 모르는 일인데…. 원래 뭐 이래 저래 다 흘러나가요. 하여간 전 모르는 일입니다."

막상 화가 나서 따지러 갔는데 그냥 모르는 일이라고 하니 더 이상 할 수 있는 게 없었다.

"그럼 제가 제출한 핸드폰이나 빨리 주세요."

"일단 확인해 보고 조사가 끝나면 돌려 드리겠습니다."

아마 내 핸드폰의 포렌식이 아직 덜 되었는지. 그렇게 몇 시간을 기다린 후에야 핸드폰을 돌려받을 수 있었다. 핸드폰을 돌려받기가 무섭게 이곳저곳에서 연이어 전화가 걸려 오기 시작했다. 처음에는 뭔지도 모르고 받았는데, 전부 기자들의 전화였다. 참, 이럴 거면 참고인 조사 때 기자들을 피해서 수사관 차를 타고 지하주차장으로 가고 하는 짓은 왜 한 건지? 하여간 그 후에 변호사 사무실에 가서 자초지종을 얘기하고 생각을 좀 정리할 필요가 있어 집으로 향했다. 막상 집에 도착하니 생각할 힘조차 없어 그냥 누워서 쉬고 있었다.

이렇게 하루가 지나가는 줄 알았는데, 그것 또한 큰 착각이었다. 갑자가 누가 막 문을 두드리기 시작했다. 집에는 어머니와 나, 동생 이렇게 셋이 있었는데 다들 "이게 뭔 일이야?" 하며 동시에 밖으로 나갔다. 3명의 건장한 남자와 1명의 여자가 서 있었고, 나를 보자마자 압수수색 영장을 내밀었다. 밤샘 조사를 받고 집에 왔는데, 이번에는 압수수색이라니 정말 말도 안 나왔다. 마침 동생이 변호사여서 압수수색 영장을 확인하고는, 내게 응해야 한다고 얘기를 했다. 일단 영장에 내 이름은 확인했다. 그럼 도대체 무슨 죄로 무슨 명목으로 압수수색을 하냐고 물었더니, 그건 저희가 말씀 드릴 사항이 아니고 우리는 시켜서 하는 일이니 나중에 검사에게 문의하라고만 대답했다. 그렇게 압수수색이 진행됐다.

이때만 해도 난 수사관들이 매우 중요한 역할을 하고 엄청난 권한을 가지고 있는 줄 알았다. 그래서 왜 이렇게까지 하느냐, 이건 뭐 잘못된 거 아니냐는 식으로 그들에게 무언가 부당하다는 항변을 많이 했는데 지금 생각해 보면 다 쓸데없는 짓이었다. 수사관들은 개인적인 어떠한 판단도 하지 않고, 검사의 지시에 따라 기계적으로만 움직일 뿐이다. 수사관들은 내 항변에 우리도 시켜서 어쩔 수 없이 하는 거다, 나중에 검사한테 얘기하라는 대답뿐이었다. 압수수색 과정에서 필요한 것 외에는 개인적인 어떤 의견이나 생각을 절대 말하지 않았다.

영화나 드라마에서 보면 옷장을 다 뒤지고 책장을 엎고 하던데, 그렇게는 안 하고, PC와 노트북에다 USB(포렌식하는 기계인지)를 꽂고 원하는 키워드를 쳐서 그 자료를 빼내는 식으로 진행을 했다. 주로 노트북, 테블릿, 핸드폰 등 전자기기 위주로만 압수수색이 진행됐다. 물론 오늘 새벽 임의제출했던 핸드폰은 또 바로 뺏기고 유심칩만 돌려받았다. 법원의 명령으로 수사관이 압수수색을 하는 거니 어떻게 할 방도는 없고, 혹시 수사관들이 절차상의 위법이라든가 뭔가 잘못하는 것이 있으면 그거를 잡아내야겠다는 생각으로 집중해서 압수수색을 지켜보고 있었다. 한두 시간가량의 압수수색에서 PC와 노트북은 포렌식으로 완료된 듯하다. 핸드폰, 테블릿, 예전에 사용하던 하드, 이렇게 3개는 그대로 압수당했다.

집만 압수수색을 당한 것은 아니었다. 집 압수수색 과정에서 회사의 압수수색도 진행이 되고 있다는 이야기를 전화로 들었다. 이런 상황 속에서 정말 황당한 장면을 목격했다. 변호사 동생이 어떻게든 뭘 해줄 거라는 생각은 안 했지만, 포렌식을 하는 IT 수사관과 아주 다정하게 이야기하면서 너무 적극적으로 협조를 하는 모습이 보였다. 정말 뭐라고 해야 할지. 내 동생은 거의 해커 수준의 컴퓨터 실력을 갖고 있는 변호사로 당시 수사관이 집 컴퓨터가 일반인과 다르다고 놀라니까, 거기서 자신이 변호사이고 컴퓨터에 재능이 있다는 등의 자기 자랑을 하면서 아주 정겹게 대화를 하고 있었다. 정말 기도 안 찰 노릇이다.

마지막으로 차를 좀 보자고 해서 내 차를 보여 주고 수사관들은 차를 살피더니 아무것도 없다면서 집을 떠났다. 그런데 사실 집 압수수색을 하는 내내 근심거리가 하나 있었다. 내가 정경심 교수와 동양대에 타고 간 차는 내 차가 아니라 친구 명의로 된 차였다. 집 안에는 두 개의 차키가 있었는데, 어떻게 해서라도 친구 차키는 뺏기지 않아야겠다는 생각을 하고 있었다. 친구 차 안에 숨길 것이 있어서가 아니라 어떻게든 꼬투리를 잡히면 그것이 일파만파되는 상황이라. 경북 영주에 내려가는 동안 정경심 교수와 어떤 얘기를 했는지는 잘 기억이 나지 않지만 혹시라도 블랙박스에 있는 대화 내용이 검찰에 들어가면 또 어떤 연기가 되어 뿜어져 나올지 알 수 없었기 때문이다.

이런 상황 속에서 가장 큰 역할을 한 것은 다름 아닌 우리 집에 기르는 개 세 마리이다. 순하고 착한 애들인데 개를 잘 모르는 사람이 보면 좀 무서울 수 있을 정도로 큰 편이다. 집을 압수수색하던 수사관들은 너무 좋아서 달려드는 개들이 무서웠는지, 주변으로는 못 오게 막아 달라고 요청을 했다. 집이 압수수색 당하는 모습을 어머니에게 보이고 싶지 않았고 마침 개를 제지해 달라고 해서, 개를 데리고 마당에 나가 계시라고 하면서 슬쩍 친구의 차키를 어머니에게 전달했다. 며칠 지난 조사에서 친구 차의 존재를 알게 된 검찰이 왜 그랬냐는 추궁을 했지만, 제 차를 보여 달라고 해서 제 명의의 차를 보여 준 것뿐이고 그냥 죄송하다고 얼버무렸다.

정경심 교수는 조국 교수의 월급을 정확히 알지도 못했고, 반대로 조국 교수는 정경심 교수의 자산 규모에 대해서 알지 못했다. 학비 시즌이 되면 학비 걱정과 함께 관련 농담을 나와 주고받았다. 남편이 월급을 받아서 얼마나 모았을지 궁금하다는 말과 함께 아마도 김차장보다 남편이 더 돈이 없을 거라고. 조국 교수도 정경심 교수의 자산을 고위 공직자 재산 신고 때 처음 알았다고 한다. 간담회나 청문회 등에서 부부 사이에 자산 내역을 서로 모르는 것에 대한 조롱과 비난을 받기도 했지만, 그것이 내가 아는 그들 부부의 모습이다.

대부분의 고객들은 자산이 있어도 그것을 지키고 싶어 하지, 거기서 돈을 빼서 쓰는 것을 달가워하지 않는다. 정경심 교수도 마찬가지였다. 집을 빼고 보유한 거의 모든 자산을 내가 관리하고 있었는데, 그 액수가 평생 쓸 정도도 아니었다. 그래서 정경심 교수는 학비를 내는 시즌이 오면 스스로 해결하기 위해 약간의 스트레스를 받았다. "남편은 별 관심도 없어서 내가 학비를 내고 있는 걸 아시는지 모르겠어."라고 얘기한 적도 있고, "남편이 '애들 학비 보낼 때가 된 거 같습니다'라고 얘기하던데, 이 얘기를 나한테 하는 거는 나보고 내라는 거겠지."라고 고민을 한 적도 있었다. 실제로 주식을 팔아서 아이들 학비를 보내기도 했었다. 기본적으로 조국 교수는 그냥 본인 월급 받아서 쓰는 정도로 크게 돈이 많거나 돈을 좋아하는 스타일이 아니었다. 아반떼를 타고 다닌 것만 봐도…. 주식이나 펀드는 아예 관심도 없고 주로 정경심 교수가 대부분의 자산을 관리하는 형태였다. 증권 회사 영업사원으로서의 이 정도 고객 정보를 아는 것은 놀라운 일이 아니고 당연한 일이다. 그것이 내가 하는 일의 기본이다. 조국 교수가 펀드나 증권 이런 부분에 대해서 전혀 관심이 없고 몰랐다는 것은 알고 있었는데, 그 사실을 2019년 8월에 다시 조국 교수가 나에게 직접 확인을 해주었다. 사모펀드에 대해서 처음 알았다고.

증권회사 VVIP로 문화상품권을 10만원씩이나 받았던 고액 자산가(?) 정경심 교수, 엄청난 자산 규모를 당연히 알 수밖에 없다며 거짓말쟁이가 된 조국 교수, 그리고 그들을 위해 시키면 뭐든지 하는 자산관리인을 뛰어넘는 집사로 거듭난 김경록. 이렇게 현실과는 전혀 다른 연극 속 등장인물의 설정이 검찰과 언론에 의해서 완성되어졌다.

지금 공권력에 저항하는 겁니까?

참고인 조사와 함께 시작된 예상치 못한 일들에 처음 든 생각은, 뭔가 부당한 일을 당하고 있다는 것이었다. 그런데 사실 부당하긴 부당하다고 느끼는데 법을 잘 몰라서인지 정확하게 뭐가 부당한지도 알 수 없었고, 어디 하소연할 곳도 없었다. 집 압수수색을 당할 때도 이것저것 물어보고 항의를 해봐도, 검사가 시켜서 하는 일이니 나중에 검사에게 얘기하라면서, 잘 보여 주지도 않는 수색영장에 다 기재돼 있다는 대답뿐이었다. 그런데 회사 압수수색 과정에서는, 지금까지의 부당함을 비웃듯 상상조차 할 수 없는 일이 기다리고 있었다.

집 압수수색을 할 때, 동시에 회사 압수수색도 진행되었다. 집 압수수색을 신경 쓰느라 회사 압수수색은 어떻게 되고 있는지 전혀 알 수 없었다. 다음 날 회사에 출근을 하니 내 자리의 PC는 코드가 다 뽑힌 채로 책상 옆에 쇠사슬과 자물쇠로 꽁꽁 묶여 있었다. 회사는 주 52시간이 되면서부터 5시 이후에는 모든 서버를 정지시켜 PC 업무를 못 보게 하는 정책을 쓰고 있었다. 이것 때문에 포렌식을 할 수 없으니 오늘 다시 온다는 말과 함께 내 PC를 저 지경으로 만들어 놨다. 여기까지는 그래도 양보하고 양보해서 그럴 수 있다라고 이해하려 했다.

회사 압수수색에는 격식을 많이 갖추었다. 높으신 양반인 검사가 한 6명 정도의 도우미를 데리고 왔으니 말이다. 그들이 나를 보자마자 핸드폰을 내놓으라더니 바로 압수했다. 어제 새벽에 임의제출하고 다시 돌려받고 집 압수수색에서 핸드폰을 압수하고, 회사에 왔더니 또 핸드폰을 달란다. 유심칩만 빼서 준 걸 공기계를 구해서 통화가 되게 간신히 만든 내 핸드폰을. 하루가 조금 넘은 시간, 그러니까 30시간 동안 세 번의 핸드폰을 압수당하는 경이로운 일이 벌어졌다.

"아니 도대체 내 핸드폰을 몇 번이나 뺏어 가는 겁니까? 어제도 가져가, 그제도 가져가 오늘도 가져가. 그럼 제가 지금 밖에서 핸드폰을 새로 사오면 그것도 가지고 갈 겁니까?

급한 전화가 많으니까 전화 좀 쓰게 해주세요."

"저희가 어떻게 할 수는 없습니다. 검사님에게 한번 물어보겠습니다."

그러더니 비닐봉투에 담긴 핸드폰을 보여 주면서 수사관 앞에서만 전화를 쓸 수 있는 아량을 베풀었다. 내 정보가 이미 다 유출되고, 사모펀드니 압수수색이니 하는 이야기들이 나오고 있으니, 걱정이 된 내 고객들로부터 계속해서 문의 전화가 왔고, 난 압수수색을 당함과 동시에 고객들을 안정시키느라 정신이 없었다. 지점장과 고문 변호사, 회사 직원들은 검찰이 들이닥치자 냉동인간처럼 얼어붙었다. 어쩔 수 없이 혼자 회사 압수수색에 대응하고 고객들 전화에 해명을 하는 그런 정신없는 상황이 계속 이어졌다.

회사 압수수색 대상은 내 자리에 한정되어 있었는데, 다른 것들은 살피지 않고 바로 그들의 주특기인 컴퓨터에 USB 꽂기 놀이를 시작했다. 꽂은 후에 키워드들을 검색해서 포렌식을 하는 절차인데 그들의 키워드가 가관도 아니었다.

"아니 정경심 교수가 가입한 펀드가 블루펀드면, 블루만 검색하면 됐지, 레드, 그린, 옐로우 이런 것은 도대체 왜 검색을 합니까, 그리고 증권회사 내 컴퓨터에서 부산의전원, 노환중 이런 키워드는 왜 검색하는 거예요?"

빨주노초파남보, 무지개도 아니고, 하도 어이가 없었지만 돌아오는 대답은 늘 한결같다.

"절차상에 다 검색을 하는 거고 불합리한 것이 있으면 나중에 증거 동의 안 하시면 됩니다."

결국 저 공포스러운 USB에 의해 두 가지 자료를 빼앗겼다. 하나는 정경심 교수와 전혀 상관이 없는 펀드 제안서이고, 하나는 8월 중순 조국 교수의 청문회를 준비한 자료다. 다행히 그 일부의 자료를 찾았다. 이 파일의 저장일은 2019년 8월 중순이다.

저는 수년간 조국 교수 가족의 재산을 관리해 온 한국투자증권의 PB입니다. 더 정확하게 이야기하면 조국 교수 부인의 재산을 관리해 온 PB입니다. 공개된 재산 내역에서도 알 수 있듯이 가족의 재산 중 대부분은 부인의 재산입니다. 조국 교수 부인은 1990년대부터 당사와 거래를 해왔으며 2010년대 들어서는 제가 조국 교수 가족의 자산 관리자로 업무를 수행하고 있습니다. 최근 논란이 되고 있는 사모펀드를 중심으로 수년간 조국 교수 가족의 재산을 관리해 온 사람으로 실제 있었던 내용들을 이야기 해보려고 합니다.

조국 교수 가족 재산 관리는 크게 민정수석 임명 전과 후로 나누어집니다. 민정수석 임명 이후 재산 관리의 핵심은 고위공직자로서 규정에 맞게 투자를 하기 위해 대부분의 시간과 고민을 할애했습니다. 조국 교수 부인은 고위공직자 재산 관련된 규정을 확인하고 문제가 없는지 체크를 했으며 저는 당사의 컴플라이언스 및 금감원 규정까지 확인해 가면서 문제의 여지가 없는지 등을 서로 크로스 체크를 했습니다.

[⋯⋯]

이러한 의사결정 과정에서 실제로 조국 교수는 당사에 들어와 있는 금융 자산과 관련해서 단 한 번도 관여를 하지 않았습니다. 이는 민정수석에 임명되기 전도 마찬가지이며 제가 두 사람이 집에서 어떤 이야기를 나누었는지는 알 수 없지만 저는 모든 사항에 대해서 조국 교수의 부인과 의논을 했으며 모든 투자 결정은 조국 교수 부인이 결정을 했습니다. 왜냐면 재산의 대부분이 조국 교수 부인의 재산이었기 때문입니다. 재산과 관련해서 제가 이 가족에게 느꼈던 점을 한마디로 정리하자면 그냥 아메리칸 스타일이었습니다. 부부끼리 서로의 재산에 대해서 궁금해하지도 관여하지도 않았으며 애들 등록금같이 목돈이 들어가는 경우에만 서로 어떻게 돈을 마련할지에 대해 상의하는 정도였습니다. 부동산을 제외한 대부분의 재산이 당사에 들어와 있기 때문에 제가 옆에서 많은 것들을 보고 확인할 수 있었습니다. 애들 등록금부터 세금, 생활비까지 다 당사의 매체를 통해서 거래되기 때문에 모를래야 모를 수가 없으며 그러한 전반적인 소비나 자금여력 등을 고려하면서 전체적인 자산 관리를 하는 것이 제가 담당하는 업무이며 그렇기 때문에 대부분의 고객님들이 주거래 은행 및 증권사의 PB들과 밀접한 관계를 맺고 있는 것이 현실입니다.

핸드폰의 압수 과정과 PC 압수 수색 과정에서 검사와 수사관들에게 많은 항의를 했고, 실랑이가 있었지만 몸싸움 등은 없었다. 하지만 다음에 벌어지는 황당한 일은 도저히 참을 수가 없어, 그걸 항의하기 위해 약간의 신체적 접촉이 있었다. 회사 압수수색에서 건진 거라고는 내 핸드폰과 펀드제안서, 그리고 청문회를 준비한 나의 자료다. 대대적으로 회사에 압수수색한 것치고는 너무 적은 성과였는지 터무니없는 것을 요구하기 시작했다.

"정경심 교수와 김경록 씨 통화한 녹음 파일 10년치를 주시죠."

거래한 지 10년도 안 됐는데….

증권회사에서는 고객과의 통화가 자동 녹음된다. 나는 그 사실을 알고 있어서 전화할 때 최대한 신경을 쓰지만 고객들은 그걸 몰라서 편하게 통화하는 것이 문제다. 무슨 내용인지 알 수 없지만 집 압수수색에서 블랙박스를 뺏기지 않으려는 이유와 같은 맥락으로 그 통화 파일을 뺏길 수는 없었다. 그리고 더 정확하게 말하면 이것은 지금의 압수수색 영장으로는 가지고 갈 수도 없는 자료라고 생각했다.

"그 통화 내용은 내가 가지고 있는 자료도 아니고, 본사 서버에 저장되어 있으니 거기서 가져가요."

이렇게 회사 압수수색이 마무리될 줄 알았다. 그런데 정말 예기치 않은 일이 벌어졌다. 녹음 파일은 본사 서버에 있지만 본사에서 승인하면 지점에서 다운을 받을 수 있는 구조이다. 지점장과 고문 변호사(임원)가 어디선가 다운을 받아서 듣고 오더니, 내 컴퓨터로 그 녹음 파일을 전송하는 것이다. 고객과의 녹취를.

이런 식이라면 내 영장으로 회사 전체의 자료도 가져갈 수 있다는 것인지? 그래서 내 PC 앞에서 이건 못 가져간다고 계속 버티기 시작했고, 그 상황을 지켜보는 검사가 크게 소리를 쳤다.

"전부 저기(지점장실)로 모여, 그리고 김경록 씨도 들어오세요."

수사관들이 한쪽으로 날 밀치더니 검사가 말을 시작했다.

"김경록 씨, 지금 국가 공권력에 저항하는 겁니까? 이 사람 정말 안 되겠네."

부당한 것을 부당하다고 이야기하고 저항하는 것에 국가 공권력을 들이밀고 운운하는 것이 맞는지는 모르겠지만, 오로지 그 녹음파일을 지키겠다는 생각에 이인걸 변호사가 소개해 준 변호사에게 급하게 전화를 했다. 그 변호사는 수원에 있어서 여기까지 오는데 두세 시간이 걸린다고 했다. 그때까지 어떻게든 버텨 보겠다는 생각을 가지고 버텼지만, 무조건 가지고 가겠다는 검사의 강력한 의지와 지점장과 고문 변호사의 헛발질에 결국 그 녹음파일을 뺏기고 말았다.

이날 나에게 공권력을 운운한 검사는 계속되는 내 조사 과정에서 마주친 일은 없었다. 초반에 회사 압수수색할 때는 상당히 젠틀한 척하며 지점장실에 앉아 총괄 지시를 하면서 밖으로는 잘 나오지도 않았지만, 자신들이 원했던 녹음파일을 얻을 수 없자 그 추악한 민낯을 드러내기 시작했다.

지점정과 고문변호사는 내 컴퓨터로 녹음파일을 전송하는 것으로 그치지 않고, 용량이 커서인지 직원을 시켜 USB를 사가지고 와서 아주 친절하게 내 컴퓨터에서 그것을 다운을 받아 검찰에게 순순히 건네줬다. 참 바보 같은 짓들을 했다. 회사에서 고객 정보를 이렇게 준다고 생각하면 누가 우리 회사를 믿고 거래를 하겠나.

"야, 이 새끼들, 니들이 다 망친 거다. 내 판단을 믿어 줘야지. 니네들이 뭔데 거기서 주라 마라 결정해, 니들 내가 진짜 가만두나 봐라."

정말 지점장과 고문 변호사라고 하는 작자의 행태를 생각하면 아직도 분한 마음을 주체할 수 없다. 지점장은 검찰이 압수수색을 나온 일 그 자체에 상당히 무서워하는 기색이었다. 검사와 수사관이 수시로 지점장에게 무언가를 요구하고 직원들도 관련 무슨 사항이 있을 때마다 지점장에게 물어보니까, 이 상황을 모면하려고만 했다. 결국에는 본인이 판단을 할 수 없다는 결론에 도달한 것인지 탕비실에 한두 시간 숨어 있었다.

도대체 왜 지점장은 검사와 수사관 일행을 그렇게 두려워했을까? 본인이 무엇을 잘못한 것이 있었을까? 아니면 검찰이라는 존재 앞에서 무의식적인 두려움이 앞선 것일까? 아마도 지점장만의 문제는 아닐 것이다. 평범하게 살아온 우리가 검찰을 무서워해야 한다는 어떤 무의식 속의 고정관념으로 각인된 결과일 뿐이다. 그 고정관념으로 인해 자신의 부하 직원이 검사와 수사관들에 둘러싸여 공격을 받고 있는 상황에서 본인은 그 자리를 피해 나 몰라라 하고 있다가 말도 안 되는 행동을 저지르게 됐다고 생각한다. 법을 좀 알고 이쪽 생리를 잘 아는 고문 변호사는 처음부터 검찰한테는 안 된다고 생각해서였는지 지나칠 정도로 협조적이었고, 끝내는 필요 이상의 친절을 베푸는 노련함을 보여 주기도 했다.

검사와 수사관들은 본인들의 성과에 흡족해하면서, 내일 검찰 조사를 받으러 오라는 말과 함께 11시간의 대치를 끝내고 회사를 유유히 빠져나갔다.

내 자리 압수수색 영장으로 회사와 고객의 많은 자료를 가지고 갈 수 있다는 공권력의 합리성(?), 이게 지금 내가 살고 있는 시대의 자화상이다.

*

나는 2013년도부터 2019년 8월 어느 날까지는 정경심 교수 집에 들어가 본 적이 딱 한 번 있었다. 그것도 서류를 주고 바로 나온 것이 끝이다.

내가 실질적으로 정경심 교수 집에 들어가기 시작한 것은 조국, 정경심 교수가 검찰과 언론에 집중포화를 맞기 시작하면서부터다. 도움을 요청해서 간 것도 아니고 청문회와 관련된 서류 전달 차원으로 방문했다. 이전에도 다른 고위 공직자들이나 국회의원들의 금융 자료를 전달한 적이 많았기에 그렇게 나에게는 특별한 일도 아니었다. 하지만 내가 정경심 교수 집으로 청문회 서류를 주러 갔던 그곳의 풍경은 처음 보는 광경이었다. 그 가족들은 고립되어 있었고, 위태로워 보였다. 기자들은 집에 진을 치고 있었고, 조국, 정경심 교수는 일일이 대응하느라 정신이 없었고, 아이들은 이런 상황에 어쩔 줄을 몰라 하고 있었다. 내가 도와주지 않으면 안되겠다는 생각이 들었다. 특히 아들을 위해서라도 꼭 도와야만 했다. 아들은 밖에 나가는 것을 어려워해서, 그때부터 이것저것 집안일도 챙기고 도와주기 시작했다. 그러고 조국 교수가 퇴근하면 나는 집에 가는 그런 생활을 했다. 하드를 컴퓨터에서 분리하던 날 조국 교수는 언제나 그랬듯이 '고맙다'는 인사를 하고 자신의 방으로 들어갔다. 이렇게 진술한 결과가 '하드를 교체해 줘서 고맙다'로 변해 기사가 나왔다.

집사람이라는 표현을 검찰에 진술한 것은 그만큼 내가 그때 상황을 정확하게 기억하고 있다는 것을, 결국 조국 교수와는 무관함을 이야기한 것인데…. 예전에 정경심 교수와 딸, 아들과 함께 괌으로 같이 여행을 갔을 때 조국 교수를 집 앞에서 만난 적이 있다. "제가 해야 되는데 그렇지 못하고 이걸 맡기는 거 같아서 마음이 좀 그렇습니다. 고맙습니다." 이 여행을 불륜, 밀월여행이라고까지 하는 기사가 나갔으니. '조국 교수, 아내 불륜남에게 여행 같이 가줘서 고맙다' 이런 기사가 안 나온 걸 다행이라고 여겨야 하는지. 정말 말장난의 연속이다. 그리고 내가 내 아내의 자산관리인을 만나면 나도 정말 그 말밖에 할 말이 없겠다. '제 아내 도와줘서 고맙습니다.' 그 외에 적절한 말이 있을까?

I. 자물쇠 없는 키맨이 되다

진짜 타짜를 만나다

짧은 기간 동안 벌어진 일들이 너무 많아서 잠깐 정리를 하고 넘어가자면, 9월 3일 화요일에 참고인 조사를 다음 날 새벽 3시까지 받고, 9월 4일 수요일에 집과 회사 압수수색을 당하고, 9월 5일 목요일 다시 회사 압수수색을 받고, 9월 6일 금요일 다시 검찰 조사가 예정되어 있었다. 이때까지 내가 참고인 신분인지 피의자 신분인지 굉장히 헷갈렸다. 나에 대해 물어보는 것은 없고, 모든 질문이 조국, 정경심 교수에 대한 것이었다. 하여간 이날 예정된 검찰 조사는 피의자 신분 참고인 조사란다. 아, 그러고 보니 피의자가 되었구나라는 생각은 했지만, 피의자 조사는 한 번도 하지 않고, 또 기다리고 있는 것은 피의자 신분 참고인 조사였다.

이때의 검찰과 언론은 조국 일가 비리라는 명목 아래 오만가지 곳을 압수수색했고, 실체는 드러나지 않지만 계속적으로 연기를 피우면서 마치 그들이 큰 죄를 지었다는 것으로 여론몰이를 하고 있을 때였다. 그럴 수밖에 없는 게 9월 6일 금요일은 바로 조국 교수의 인사 청문회가 예정돼 있었기 때문이다.

하여간 검사 일행들이 떠난 자리를 이인걸 변호사와 코업하는 변호사가 대신하고 있었다. 그 변호사와 함께 수원에 있는 사무실로 가서 밤새도록 조사에 대비한 시뮬레이션을 했다.

이인걸 변호사와 코업을 하는 변호사이다 보니 그 스타일도 매우 유사했다.

"제가 형사 사건도 몇 번 맡아봤고, 거기 특수부 검사 누구누구도 알아요."

또 이런 식이다. 내가 특수부 아는 사람 찾으러 다니는 것도 아니고, 뭐라 할 말이 없다. 이렇게 밤새 시뮬레이션을 하고 검찰 조사를 받으러 서울로 가다가, 정경심 교수가 노트북 가방이 필요하다고 해서 여의도 켄싱턴 호텔에 들러서 전달을 했다.

켄싱턴 호텔 로비에서 만나 정경심 교수가 머무르고 있는 방으로 들어갔다. 정경심 교수는 침대에 앉아 있었고, 나는 입구 쪽 화장실 앞에서 그날 조사 받는 것과 고객들의 전화에 통화를 정신없이 하고 있었다. 그런 통화 와중에 정경심 교수의 통화 내용도 잠깐 들을 수 있었다.

"청문회, 잘 하세요. 저쪽 의원들이 심하게 몰아붙여도 너무 세게 받아치지 마시고 … 미안하다 … 죄송하다고 하시고, 표창장은 조교가 한 거 같은데 … 잘못되면 제가 다 책임질 테니까, 걱정 마시고 용기 내서 청문회 잘 하세요. 힘내세요."

이런 격려의 전화였다. 나도 통화를 마치고 인사를 하기위해 방으로 갔는데, 정경심 교수가 허벅지 위에 무엇을 올려놓고 뭔가를 하고 있었다. 나는 인사를 하고 조사 받기 위해 호텔을 나갔다. 내가 호텔에서 정경심 교수를 만난 것이 CCTV에 찍혀 검찰은 그때의 상황을 자세히 물었고, 나는 있는 그대로 진술을 했다. 이때 문제가 되었던 것이 두 개였다. 난 노트북 가방을 전달했기에 정경심 교수가 작업하는 기계가 당연히 노트북이라고 생각해서 그렇게 말을 했고, 검사도 처음에는 그냥 중요하지 않다는 반응이었다. 내가 그 노트북 가방에서 정경심 교수가 꺼낸 것을 본 것은 핸드폰이 유일했고 그 노트북 가방에 무엇이 있는지 정확히 확인한 적도 없다.

그런데 검찰과 언론이 이 노트북으로 나와 정경심 교수를 또 궁지에 몰고 있었다. 정경심 교수는 중요한 것이 들어 있는 노트북을 숨긴 사람이 되어 있었고, 난 노트북을 봤네, 못 봤네 하고 계속 말을 바꾸는 인간이 되어 있었다. 그 노트북 가방에 내가 확신할 수 있는 것은 핸드폰뿐이다. 훗날 재판에서 알게 된 것은 그게 태블릿 PC였다는 것이다. 내 경험상 이 노트북 가방에는 중요한 것이 없는 게 분명했다. 노트북이 있고 그것을 정말 검찰이 찾기를 원했다면 저런 식으로 언론에 공개하지 말았어야 한다. 그 반대의 경우이기에 나라는 도구를 이용해, 이것을 여론몰이용으로 사용했을 것이다.

그리고 이번에는 정경심 교수의 격려 전화 내용에 트집을 잡기 시작했다. '정경심 교수, 내 죄 내가 안고 가겠다', '조국 교수에게 단도리를 치다', '표창장 위조 정황 드러나' 뭐 이런 뉘앙스로 언론 기사들이 뽑혀 나갔다.

하여간 노트북 가방을 그렇게 전달하고 검찰로 가고 있는데, 20년지기 대학 선배의 전화가 걸려왔다. 그 선배의 직업은 변호사다. 이런저런 일들에 대해 묻고서 선배의 생각을 전했다.

"이인걸 변호사가 소개시켜 준 사람하고는 절대로 하면 안 돼. 돌아가는 상황을 지켜보니 좀 불안해. 그리고 오늘같이 조국 교수 청문회가 있는 날에 검찰 조사를 들어가는 것은 매우 위험하니까, 절대 가지 마. 청문회 날에는 어떻게든 정치적으로 이용될 확률이 크다는 것을 명심해!"

"아니 형, 그게 그래도 어떻게 제가 마음대로 검찰 조사를 미루고 안 미루고 해요. 제가 할 수 있는 일이 아니잖아요."

이런 대화가 오간 후에 그럼 선배가 어떻게든 해보겠다고 전화를 끊었다. 검사에게 오늘 불가피한 일이 있어 못 들어가니 조사를 미뤄 달라는 식으로 이야기를 해서 이날의 조사는 9월 7일 토요일로 연기됐다. 그리고 정경심 교수는 '표창장 위조' 혐의로 그날 기소되었다.

9월 7일 토요일 대학선배 변호사와 조사를 받으러 검찰에 들어갔다. 이날도 피의자 조사가 아니라 피의자 신분 참고인 조사 명목이었다. 내가 무슨 죄를 저질렀고, 그럼 그 죄가 증거인멸 또는 증거은닉이라고 한다면 증거은닉한 컴퓨터에서 어떤 증거가 나왔다는 등등의 이야기는 한 번도 듣지 못한 채, 참고인 조사다.

조사를 아주 많이 받은 건 아니었지만, 모든 조사 가운데 이렇게 영혼까지 털린 조사는 없었다. 검사는 위협적이지도 강압적이지도 않았으며, 단 한 번도 존대를 안 한 적이 없었지만, 하지만 왜 이 사람이 그동안 중요한 정치적 사건의 핵심 검사라고 하는지는 느낌으로 알 수 있었다.

김○○ 부부장 검사의 책상 위에는 내 휴대폰, 컴퓨터 등에서 추출된 8년이라는 시간이 문서화되어 놓여 있었다. 김○○ 부부장 검사가 나를 앉혀놓고 조사를 시작했다.

"김경록 씨 피의자로 전환되었습니다. 지금부터 피의자 참고인 조사를 진행하겠습니다. 참고인 조사를 어떻게 받느냐에 따라 본인의 사건에 많은 영향을 미치니까 그 점 참고하시기 바랍니다."

이렇게 시작된 조사는 정경심 교수와 알고 지낸 모든 시간을 복기하는 자리였다. 언제 만났고, 뭘 먹었으며, 얼마짜리를 먹었느냐에서부터 대화 내용에 나온 모든 것을 하나씩 짚어 가면서 아주 상세한 답이 나올 때까지 묻고 또 물었다. 그리고 그 속에서 조금이라도 의심스러운 정황이나 혐의가 될 무언가로 판단하면, 더욱 자세히 묻고 그 모든 것을 조서에 다 담았다. 내 신상을 묻는 것 외에는 나에 대해서는 어떤 것도 묻지 않았다. 오로지 조국, 정경심 교수에 대해서만 꼬치꼬치 물었다.

일단 두 시간 정도 조사를 받고 휴게실에서 대기를 하는데 그냥 이유 없이 눈물이 났다. 너무 비겁하고 치사하다는 생각이 들었다.

'모든 것이 끝났구나. 조국 교수가 결국 나 때문에 임명이 안 되겠구나. 정말 끝났다'라는 자포자기 상태에서 계속 눈물만 흘리고 있었다. 여기서 조사를 받은 것이 가공된다면 어떠한 일이라도 일어날 수 있다는 것은 그동안의 경험만으로도 충분했다. 그래서 이것을 막을 방법은 내가 죽을 수밖에 없다는 충동적인 생각이 들어 주변을 둘러보기 시작했다. 11층은 양쪽 끝에 발코니로 나가는 문이 있다. 저기를 택할까, 아니면 그냥 검사실에서 창문을 깨고 뛰어내릴까, 하는 생각들을 하고 있는데 갑자기 대학선배 변호사가 소리쳤다.

"야, 김경록. 정신 차려. 네가 이러는 걸 김○○이 보면 어떻게 생각하겠어. 아무렇지 않게 해야 할 거 아냐. 정신 똑바로 차리고 조사 받아."

죽으려고 한다는 것조차 생각이 안 날 정도로 다시 정신없이 조사를 받기 시작했다. 중간중간에 "아까 말씀드린 것처럼 조사를 어떻게 받느냐에 따라 본인의 사건에 많은 영향을 미칩니다."라는 말은 여지없이 반복됐지만, 이미 정신이 나간 나에게는 크게 위협적으로 다가오지 않았다. 그날은 미친 듯이 바람이 많이 불었고, 바람이 창문을 치는 소리가 엄청 컸다는 것 정도의 기억만 간직한 채 조사는 끝이 났다. 훗날 알게 되었지만 바람의 정체는 태풍 링링이었다. 한국에 상륙한 태풍 중에 가장 강력한 바람을 가지고 있다는 링링. 링링과 견줄 만한 바람은 아마도 검사가 일으키는 바람이 아닐까. 그렇게 나무도 뽑히고 나도 뽑히고…. 서초대로에 집채만 한 가로수가 누워 있었다.

이날은 정말이지 집에 어떻게 왔는지 무슨 일이 있었는지 하나도 기억이 나질 않는다. 오후 1시부터 시작된 조사는 다음 날 새벽 4시경이 되어서 끝이 났다. 이럴 때는 대리운전을 부르고 가야 한다는 충고를 절실히 느꼈다는 것과 집에 가는 도중, 여기저기 뽑혀 있던 가로수들의 모습만 기억할 뿐이다. 그렇게 집에 도착했는데, 감나무가 바람에 뽑히면서 대문을 찍어 눌렀는지 문도 열리지 않아 담을 넘어 집에 들어갔다. 감나무는 대문뿐만 아니라 우리 집의 많은 부분을 망가뜨린 채 그렇게 누워 있었다. 태풍 속에서 조사 받는 아들을 혼자 기다리셨을 어머니를 생각하니 가슴이 찢어지는 듯했다.

검찰은 PC 은닉한 나부랭이한테는 애초에 관심도 없었다. 오로지 나한테서 조국, 정경심 교수의 꼬투리를 잡으려고 부단히도 노력할 뿐이었다. 조국, 정경심 교수가 죄를 지을 사람들이 아니라고 내 스스로 생각했지만, 그들에게 죄가 있다는 식의 검은 연기는 내 생각과는 무관하게 피어올랐다.

내가 무슨 말을 하든 검찰은 조국, 정경심 교수를 이미 범죄자로 특정하고 죄를 뒤지기 시작했다. 아니 죄를 만들기 시작했다. 마치 판도라의 상자가 어디인가 존재하고 그 자물쇠를 열 수 있는 키를 가진 존재가 나인 것처럼. 하지만 애초에 판도라 상자도 자물쇠도 존재하지 않는 허상은 아니었을지. 오로지 검찰과 언론이 만들어 낸 허상. 무죄추정의 법칙이 아니라 유죄추정의 법칙으로 만들어 낸 저 허상들은 자연스럽게 진실로 둔갑되어지고 사람들의 마음속과 뇌리에 박히게 된다. 판사에게도, 보수에게도, 진보에게도, 그리고 이 시대를 평범하게 살아가는 우리들 모두에게도.

그렇게 누군가는 죄인이 되어 간다.

진술조서 (2019년 9월 7일)

문) 정경심 교수의 가족이나 지인 중에서 진술인이 또 관리를 해준 주식 계좌가 있었나요.

답) 예, 정경심 교수의 자녀들인 조O, 조O, 그리고 정경심 교수의 동생인 정광보 명의 주식 계좌를 제가 관리해 주었습니다.

문) 조O과 조O 명의 주식 계좌를 관리하게 된 경위가 어떻게 되나요.

답) 정확한 시기는 기억이 나지 않는데 정경심 교수를 알게 되고 나서 얼마 지나지 않아, 정경심 교수의 요청으로 자녀들에게 재산을 증여해 주는 문제에 대해 이야기를 하게 되었는데, 그때 제가 정경심 교수에게 세법상 10년 내 5,000만 원까지는 증여를 해주더라도 증여세를 내지 않는다고 조언을 해드리자, 정경심 교수가 조O, 조O 명의로 주식 계좌를 만들어 각각 O원씩 O원을 넣어 줄 테니 관리를 해 달라고 해서, 그때부터 두 사람 계좌에 대해서도 제가 관리를 하게 되었습니다.

이날 검찰 조사에서 정경심 교수 아들, 딸의 주식 계좌를 관리하고, 증여 업무를 처리했다는 부분을 진술했다. 이 부분은 그때까지 전혀 알려지지 않았던 이야기다.

진술조서 (2019년 9월 7일)

문) 정광보 명의 주식 계좌를 관리하게 된 경위가 어떻게 되나요.

답) 역시 정확한 시기는 기억이 나지 않는데, 어느 날 정경심 교수가 정광보와 함께 저희 회사로 저를 찾아와 자기 동생이라면서 주식 계좌 관리를 해달라고 요청을 해서 그때부터 정광보 명의 주식 계좌를 관리하게 되었습니다.

[……]

[정경심 교수와의 문자 메시지 관련]

이때 검사는 진술인에게 정경심 교수와 주고받은 휴대전화 문자를 제시하고,

문) 정경심 교수는 2017. 2. 20. 진술인에게 부동산 담보 대출을 문의하는데 왜 그런 것인가요.

답) 정경심 교수가 왜 저한테 문의를 하였는지 그 이유는 모르겠는데, 부동산을 담보로 얼마나 대출을 받을 수 있는지 확인해 달라고 연락이 왔습니다. 그런데, 일반 개인이 보유한 부동산을 담보로 대출을 해주는 것은 증권사에서 취급을 하지 않기 때문에 그 사정 설명을 정경심 교수에게 해 주었습니다.

정경심 교수 동생인 정광보 씨가 나를 통해 주식 계좌를 관리한다는 것도 밝혀졌다. 이때까지 정광보 씨가 내 고객인 것을 아는 사람은 이 진술서를 작성한 사람과 나, 정광보 씨 셋밖에 없었다. 회사도 그 이름만으로 정경심 교수의 동생이란 것을 알 수가 없었다. 그리고 정광보 씨 명의로 된 부동산 관련 대출은 전혀 모르고 있었는데, 오히려 검찰이 나에게 알려 준 경우이다. 나도 검찰측에서 제시한 문자메시지를 보

고 기억을 간신히 떠올렸을 정도다. 왜냐하면 기본적으로 증권사는 주식 대출 관련해서는 일을 하지만, 부동산 관련 대출은 취급하지 않기 때문이다. 그리고 증권회사에 주식 이외에 대출을 문의하는 경우도 거의 없다.

진술조서 (2019년 9월 7일)

문) 진술인은 정경심 교수 가족과 친하게 지냈나요.

답) 예, 그렇습니다. 2014년 아니면 2015년에 가족들과 함께 처음 식사를 한 후 몇 차례 더 식사 자리를 가졌고, 2016년에는 정경심 교수, 조O, 조O과 함께 괌으로 여행을 간 적도 있습니다.

문) 정경심 교수 가족과 친하게 지내게 된 계기가 있었나요.

답) 조국 후보자 가족들이 모두 제 고객이다 보니 정경심 교수와 자주 연락을 해 주식 이야기를 하게 되었고, 그 과정에서 조O, 조O과도 가까워지게 되었습니다. 그러다 보니 자연스럽게 조국 후보자를 모시고 식사를 하게 되었던 것 같습니다.

문) 진술인은 조국 후보자를 만난 적도 있나요.

답) 예, 앞서 말씀드린 것처럼 2014년 아니면 2015년 정경심 교수 가족과 식사를 할 때 한 번 조국 후보자를 만난 적이 있었습니다. 당시 일요일이었는데 방배동에 있는 브런치 카페에서 샌드위치로 같이 식사를 했었습니다.

진술 과정에서 조국 교수는 많이 등장하지 않는다. 내가 정경심 교수와 주고받은 메시지 위주로 진행이 되다 보니 검사도 더 물어볼 무언가가 없었다. 하여간 김○○ 부부장 검사는 언제라도 꼭 만나고 싶은 사람이다. 도대체 이 사람이 왜 이런 질문을 하는지, 무엇을 물어보려고 하는 것인지 정말이지 하나도 간파할 수 없었다. 검사가 하는 일이 질문의 의도를 모르게 하는 일이라면 이 부부장 검사는 진짜 프로이자 타짜였다.

검찰 조사를 받으면 가장 많이 듣는 말이 상식이다. 상식

적으로 말이 되느냐, 상식적으로 생각해라, 상식적으로 어쩌
구, 상식적으로 저쩌구 등 모든 검사들이 상식을 운운하게
되는데, 아마 처음으로 검사가 되고 교육받을 때 조사의 핵
심 단어가 '상식'임을 가르치는 것은 아닐까라는 생각까지
들 정도다. 그렇게 좋아하는 '상식'이라는 단어로 나도 검사
에게 말하고 싶다. 죄가 있다고 사람을 불러서 그 죄는 이야
기하지 않고, 내가 알지도 못하는 오로지 다른 사람의 죄만
계속 캐묻는 것이 상식적으로 말이 되는지.

피의자 신분 참고인 조사를 마치며….

*

정경심 교수를 고객으로 모실 때에는 전혀 알지 못했던
조국 교수이지만 그 후로 자연스럽게 많은 이야기를 듣고
조국 교수에 대해서 생각한 적이 있었다. 둘 다 대학교수이
고 아주 큰돈은 아니지만 어느 정도의 자산이 있었고 강남
에 집이 한 채 있는 상황이면, 일반적으로 정치적 색은 보수
일 거라고 대부분 생각한다. 그냥 그렇게 보수 편에 서서 그
입장을 얘기했으면 편하게 잘 살았을 거 같은데, 그러지 않
고 계속 힘없고 약한 사람들 편에 서서 진보적인 얘기를 하

는 게, 그때는 잘 이해가 되지 않았다.

　보수 쪽에서는 자기 편이 아니라고 조롱당하고, 진보 쪽에서는 강남 좌파 운운하면서 무시당하는 모습을 보면서 그냥 조국 교수가 외로워 보였다. 그래서인지 나중에 조국 교수가 뭐 자기는 많은 것을 누리면서 살았다고 사과할 때, 기분이 좋지 않았다. 내가 정경심 교수에게 듣거나 직접 본 조국 교수와의 삶과는 전혀 무관했기 때문이다. 아반떼 타고 다니면서 돈에는 큰 관심이 없고, 원리원칙을 중시하며 본인 일에만 몰두하는 조국 교수는 그냥 외톨이일 뿐이었다. 하지만 조국 교수는 많은 것을 받고 누리면서 살았다고 사과를 했다. 실제로 그렇게 살고 사과를 했으면 내가 이 정도로 화가 나지는 않았을 것이다.

II. 그렇게 피의자가 된다

죽음을 계획하다

　피의자 신분 참고인 조사를 마치고 돌아온 아침에 오만가지 생각이 맴돌았다. 그래서 다른 잡다한 생각 말고 딱 두 가지만 생각하기로 했다. 어머니, 조국 교수. 링링으로 집이 많이 망가졌기에 일단 이사 갈 집으로 어머니를 들어가게 했다. 어머니는 예전부터 내가 괜찮다고만 하면 모든 것을 담담하게 받아들이는 스타일이다. 집 압수수색 때도, 검찰 조사 받을 때도, 언론에 좋지 않은 수많은 기사가 쏟아져도, "아들, 괜찮아?" 하면 "엉 괜찮아, 별일 없을 거야."라고 말하면 "그럼 됐네."라면서 겉으로는 절대로 힘든 내색을 안 하신다.

　두 번째는 조국 교수다. 나로 인해 조국 교수가 피해를 입는 것이 싫었다. 내가 조사에서 무슨 말을 했는지 자세히 기억나지는 않지만, 검찰과 언론이 불을 때면서 검은 연기를 피우는 모습이 선명하게 보였다. 어떻게든 내가 한 말이 장작이 되어 탈 것이 분명하기에 여차하면 검사실에서 창문을 깨고 뛰어내릴 생각을 할 정도로 내 정신 상태는 정상이 아니었다. 하지만 내가 꼭 해야 할 말은 남아 있었다. 그러기 위해서는 어쨌든 시간이 필요했다.

그때 마침 장제원 의원 아들의 무면허 운전 사고와 운전자 바꿔치기 의혹이라는 보도를 접했다. 조국 교수의 딸에 대한 각종 의혹이 쏟아지고 그 의혹을 사실로 만들기 위해 부단한 노력이 더해지고 있는 시간이기도 했다. 그래서 이 두 사건을 대비시키면 사람들이 이전까지 언론에서 떠들어 대는 이야기에 의문부호 하나쯤은 붙이지 않을까라는 생각을 했다.

그래서 조국 교수 딸에게 연락을 취했다.

"얘네들이 지금 제정신이 아닌 것 같다. 장관 임명 안 되게 하려고 무슨 수라도 쓸 태세야. 차라리 아빠를 위해서 지금 쏟아지는 화살을 너한테로 돌리는 건 어떨지. 수혜를 많이 받고 살았다는 얘기를 아빠가 했는데, 직접 네가 사과하는 건…."

말을 잇기가 쉽지 않았다.

"나는 내가 정당하게 살아온 것에 대해 부정당하고 싶지 않아요. 내 노력의 결과를 스스로 증명해 보일 게요."

그 대답은 역시 내가 알고 있던 조국 교수 딸이었다. 순간 내 자신이 무척 부끄러웠다. 나도 어른이라면 어른인데 한 아이가 정당하게 살아온 인생을 부정하라고, 네가 희생하라고, 그 자신의 노력을 한순간에 헛되게 만드는 이야기를 하라고 했으니 말이다. 그 당당함으로 조국 교수 딸은 스스로의 인생을 증명해 보이고 있는 중이다.

정경심 교수 집에서 가지고 온 하드가 내게 있었다. 이 하드는 쓰던 컴퓨터가 아니라 전원 코드도 연결이 안 된 아예 안 쓰는 컴퓨터에서 분리해 놓은 하드로 당연히 정경심 교수도 나도 이 하드에 뭐가 있는지는 몰랐다. 집이 이사를 가야 하기도 해서 비닐에 담긴 하드디스크를 박스로 잘 포장해서 내가 다니던 목동 헬스장 사물함에 보관하고 있었다.

*

정경심 교수는 2017년 조국 교수가 민정수석이 되면서부터 많은 스트레스를 받기 시작했다. 그 후에 주변에서 청탁도 많이 들어오고 호의를 베풀겠다는 사람도 많아서인지 정경심 교수는 은둔 생활을 하다시피 했다. 혹시 내 행동 때문에 남편이 피해를 입을까…. 정경심 교수가 안식년일 때 미국에 간 적이 있었는데, 그때 한인회에서 정경심 교수에게 식사 대접을 했다. 별거 아닌 거 같지만 정경심 교수는 이 사람들이 왜 나한테 식사를 대접하지 하면서 바로 귀국한 적도 있었고, 카페에서 누군가 인사를 하면 저 사람은 왜 나한테 인사를 했을까?라는 의심의 눈길을 가지고 행동 하나하나를 조심히 한 것으로 기억한다. 그중에서 아주 끈질기게 정경심 교수의 스트레스를 최고조로 끌어올린 인물이 바로 최성해 동양대 총장이다. 민정수석 이전부터 조국 교수는 큰 인물이 될 사람이라며 가까이 지내길 원했고 민정수석이 된 이후로도 변하지 않는 총장의 태도에 정경심 교수가 많이 힘들어했었다. 검찰들도 알겠지만 정경심 교수와의 대화 내용 중 거의 반이 최성해 총장에 대한 이야기일 정도이다.

"최성해 총장은 엄연히 당신의 상사인데, 내가 그 분과 밥을 먹으면 내 아내 잘 봐달라는 식이 될 수밖에 없습니다. 그래서 난 그럴 수 없습니다."

이렇게 말하는 남편과 어떻게든 친하게 지내 보려는 직장

상사 사이에서 이러지도 저러지도 못하는 정경심 교수의 고충을 최성해 총장은 과연 알까?

언론 플레이도 합니까?

계속 악몽 같은 삶을 사는 것에 지쳐 있지만 이날만큼은 기다리고 기다리던 날 중에 하나였다. 9월 10일 화요일, 드디어 참고인도 아니고 피의자 신분으로 피의자 조사를 받는 날이다. 이날을 목 빼고 기다리는 심정이 참 웃게 보이지만, 그래도 비로소 내 얘기를 할 수 있는 날이기도 했다. 하지만 이날을 돌이켜 보면 그 전의 모든 일들은 그냥 예고편에 불과했다. 이날은 내 피의자 조사가 이루어진 날이기도 했고, 최초로 언론과 인터뷰를 한 날이기도 했다. 인터뷰로 인해 벌어지는 일들은 별도로 언급하도록 하고 피의자 조사부터 이야기를 해야겠다.

9월 10일 화요일 첫 피의자 조사는 곽〇〇 검사가 나를 중심으로 어떤 일들이 있었는지에 대한 내용이 주를 이루었다. 역시 '상식'이라는 말은 빠짐없이 등장했으며, 당시 일들을 조금 더 면밀히 살피는 조사로 마무리됐다. 그리고 다음 날 9월 11일, 변호사와 함께 2차 조사를 받으러 들어갔다. 근데 어제와는 분위기가 많이 달랐다. 우선 나를 대기시키더니 변호사만 검사실로 들어오게 한다. 몇 분의 시간이 흐르고 변호사가 나와서 나에게 자초지종을 설명하기 시작했다.

"다 걸렸다. 너 정경심 교수 대신해서 감옥 갈래? 지금 검사가 구속영장 친다고 책상 위에 올려놨는데 구속영장 치면 너 바로 구속된다. 구속돼서 조사 받으면 너도 문제이지만 조국, 정경심 교수한테 피해가 가는 거다. 네가 구속되면 바로 그 사람들한테도 죄가 있다고 생각하고 불리하게 작용할 거야. 잘 생각해라."

8월 중순에 정경심 교수 집에서 하드를 분리한 적이 있었다. 지금까지 살면서 컴퓨터를 열어 본 일이 거의 없었기에 컴퓨터를 연 후에 하드가 뭔지 몰라서 그걸 찍어 동생에게 보낸 적이 있다, 어떤 게 하드냐고. 오늘에야 그 자료를 찾았는지 아니면 이미 자료를 찾았었는데 이제야 보여 주는지는 알 수 없지만 어떻든 이것에 대해 어떤 말이라도 해야 했다.

"집에 있는 하드도 손대셨나요? 지금 구속영장 치겠습니다."

　변호사가 검사에게 잠깐 시간을 달라고 해서 나와 변호사는 복도 휴게실에서 다시 이야기를 나누었다. 변호사는 지금 구속이 안 되기 위해서는 최대한 협조하는 수밖에 없으며, 그날 있었던 일들을 자세히 이야기하고, 절대로 거짓말해서는 안 된다고 신신당부했다. 그래서 그날의 기억을 떠올리며 변호사에게 얘기했고, 변호사는 그 기억이 잘못되지는 않았는지 재차 확인한 후에 다시 조사를 받으러 검사실로 들어갔다.

　임의제출을 받기 위해서는 내 동의서가 반드시 필요했다. 다시 들어간 검사실에서 검사는 왼손에는 구속영장, 오른손에는 임의제출 동의서를 들고, 나에게 뭘 가지고 갈 것인지 묻고 있었다. 물론 검사가 실제로 들고 있지도 그렇게 직접적으로 말하지는 않았지만, 나에게 주어진 선택지는 이 두 개뿐이었다. 이번에는 검찰이 휘두를 수 있는 가장 강력한 무기인 구속을 사용했다. 첫 참고인 조사 때 핸드폰 임의제출을 받기 위해 사용한 긴급체포의 무기와는 비교가 되지 않았다. 구속이라는 단어는 내 머리를 하얗게 만들었다.

　이 건으로 해서 시간별로 진술을 다시 하고 하드는 목동 헬스장에 있다는 것을 밝혔다. 곽○○ 검사는 그 이야기를 듣고 태연한 척했지만, 부들부들 떨리는 손을 보아 속으로 엄청난 환호성을 지르고 있음을 알 수 있었다. 그 순간 검사실 문이 열리더니 험상궂은 인상의 소유자 최〇〇 부부장이 들어와서 악수를 청했다. 얼굴이 온화해 보인다.

"김경록 씨 협조하기로 한 거 고맙습니다."

이 최〇〇 부부장은 참고인 조사 때 긴급체포 운운하면서 협박을 가했던 인물인데, 이때부터 태도가 180도 싹 바뀌었다. 이례적으로 검사가 수사관과 함께 대동해서 봉고차를 타고 목동 헬스장까지 가서 그 하드디스크를 수거해 왔다. 주니어 변호사에게 물어보니 검사가 이렇게 직접 증거물을 수거하는 경우는 처음 봤다며 신기해했다. 예상대로 다음 날에 목동 헬스장은 기자들로 난장판이 되었다.

'조국 부인, 자택 컴퓨터 하드교체 정황…증권사 직원 동원'

아니나 다를까, 3시간 뒤 검사실로 다시 돌아왔을 때 이 사실은 언론에 의해 알려졌다. 근데 이 기사는 이전의 기사와 좀 종류가 다른가 보다. 곽〇〇 검사가 그 기사를 보고 처음엔 내가 자기를 속였다고 생각했다며 밥을 먹으면서 얘기를 했다. 중요하지 않을 수 있는 이 말 한마디가 전해 오는 메시지는 여러 가지다.

'우리가 언론에 준 게 아닌데.'

'요놈 봐라, 그 하드 거짓말인가, 언론에 흘린 것 보니.'

'그 하드가 중요하지 않은 건가.'

'어쭈 우리가 하는 언론플레이를. 너도 해보겠다는 거야.'

일단 검찰이 정보를 흘리지 않았다는 것은 확실해졌고, 그럼 이 기사를 낼 수 있는 사람은 변호사밖에 없었다. 변호사의 메시지도 아주 간결했다.

'우리가 협조하고 있으니 구속시키지 마라.'

어쨌든 그렇게 해서 검사실의 화기애애한 분위기 속에서 주문한 초밥을 같이 먹게 되었다. 난 그 초밥이 중요한 건 아니었고, 그 초밥을 주문하고 받은 영수증을 어떻게든 찾아보려고 온 신경을 기울였다. 비싼 초밥이면 김영란 법으로 검사들을 신고하려고….

*

정경심 교수가 방학 때가 되면 하는 푸념이 있었다. 동양대는 방학 때 여름 캠프를 열고 주변 지역 학생들에게 영어 에세이를 가르치곤 했었다. 방학만 되면 쉬지도 못하고 또 영주에 내려가서 스케줄도 짜고 학생들 인솔하고 영어 캠프를 진행해야 된다는 푸념을. 그 에세이 첨삭 과정을 매년 딸과 아들이 도와주고 있다는 이야기를 했다. 어떻게 보면 지역 학생들 입장이 아니고 최성해 총장이 동네에서 어깨에 힘주고 다니려고 만든 영어캠프인데 본인은 하나도 신경 안 쓰고 나하고 애들만 고생한다고 한숨을 쉬기도 했다. 그런데 아이들의 노력 여부를 떠나서 이제 와서 표창장은 잘 모른다고도 아니고 안 줬다는 말을 한다. 사실 대학총장이 직접 표창장을 발급하는 경우가 어디 있으며, 그걸 기억하는 대학 총장이 어디 있겠는가? 모른다는 것은 맞는 말일 수 있지만, 안 줬다는 것은 그들이 쓰는 표현대로 상식적으로 거짓말이다. 지금 검찰청에 계시는 모든 분들, 집에 가서 자녀의 표창장을 확인한 후에 그 과정을 똑같은 시선으로 살펴보기를. 그리고 조사하기를. 과연 교장 선생님이 대학 총장님이 당신의 자녀에게 그 표창장을 준 기억을 갖고 있는지를. 그리고 그런 표창장이 없다면, 앞으로 받을 표창장은 지금부터라도 정확한 증거 자료와 함께 표창장 수여 장면, 그 과정 등을 똑똑히 기록해 두시길.

법을 잊은 그대에게

    법 없이도 살 수 있는 사람은 아니었지만, 그렇다고 해서 법이 없어야만 사는 사람도 절대 아니었다. 그냥 회사 다니면서 내 일을 충실히 하는 그런 평범한 사람이었다. 법이 이런 것이구나, 검찰 조사가 이런 것이구나 하는 것도 당연히 알지 못했다.

    내가 접한 검사는 특수부 검사다. 평범하게 자신의 일을 묵묵히 수행하는 훌륭한 검사들도 많다. 특수부 검사를 만났기에 그들과 있었던 이야기를 하는 것이지, 내가 보지 않고 만나지 않은 모든 검사들을 다 같은 부류라고 생각하지 않는다.

    검찰 조사는 낮에 시작해서 새벽까지 이루어진다. 나 같은 경우에는 하루에 평균 10시간을, 며칠 동안 거의 150시간의 조사를 받았다. 일반적으로 2시간 정도 조사를 하고 10분을 쉬는 형태로 진행되며, 휴게실에서 대기하다가 검사들의 호출을 받으면 다시 조사를 받는다. 새벽까지 조사를 받는다는 '심야 조사 동의서'가 없으면, 물론 새벽에는 조사를 안 받을 수도 있다. 하지만 하루 종일 조사를 받다가 새벽에 조사를 안 받고 가겠다고 하면 내일 아침 일찍 들어오라고 한다. 어느 누가 또 아침 일찍 와서 조사를 받고 싶을까. 어쩔 수 없이 '심야 조사 동의서'를 쓸 수밖에 없다. 뭔가 부당한 것 같지만 정확하게 뭐가 부당하다고 얘기하기가 참 그렇다.

검찰 1층 안내데스크에 가면 "어떻게 오셨습니까?"라고 묻는다. 그러면 난 입을 손으로 가린 채 조용히 내 이름을 대고 조사 받으러 왔다면서 신분증을 건넨다. 그리고 잠깐을 그 앞에 서서 기다리는데, 갑자기 1층에 모든 사람이 다 들을 수 있게 내 이름을 크게 불렀다.

"김경록 씨 출입증 받아 가세요."

아니, 내가 어디 멀리 간 것도 아니고 바로 앞에 서 있는데, 굳이 이름을 크게 부르고 난리다. 이때는 모든 언론이 조국, 정경심 교수와 그 자산관리인인 나의 일거수일투족을 기사화시키는 분위기라, 검찰청 1층은 기자들로 북새통을 이루고 있는 상황이었다. 얼굴이 많이 알려진 건 아니었지만, '김경록' 이 세 글자의 이름은 많이 알려져 있었으니, 거기서 우렁차게 내 이름을 부르면 그 뒤에 벌어질 일들은 불 보듯 뻔했다.

'아니, 안내데스크 직원까지 도대체 왜 나한테 이러는 거지.'

속으로 이런 생각을 하고 있는 찰나, 여기저기에 대기하고 있던 기자들이 몰려들어 나를 에워싸며 너도 나도 물어보기 시작했다.

"김경록 씨 맞으신가요?"

"오늘은 무슨 조사를 받으러 오셨나요?"

"지금 심정은 어떻습니까? 한 일을 후회하고 있나요."

이런 상황이 불법이라고 할 수는 없지만, 뭔가 부당했다. 검사들은 기본적으로 법 테두리 안에서 움직인다. 무슨 고문이나 심한 협박 같은 것은 하지 않는다. 도청도 없고 미행도 없다. 그들은 자신이 구상한 시나리오가 어떤 불법적 행위로 인해 방해받는 것을 굉장히 두려워한다. 간혹 가다가 긴급체포, 구속영장 등의 위압을 들이미는 것도 아마 법의 테두리 안에서의 이용일 거라고 생각한다. 그럼 특수부라고 해서 뭐 무서울 것도 없는데, 계속 자신 있게 이야기하고 조서를 확실히 확인하고 사인하면 되지 않느냐고 묻는 사람들도 있을지 모르겠다. 모르면 몰라도 이렇게 얘기하는 대부분의 사람들은 특수부 조사를 받으러 가는 엘리베이터 안에서 그 생각이 바뀔 것이라고 확신한다.

어딘가 모르게 부당하고 불법적인 요소들은 존재하는 것 같다. 그것들이 관행이라고 아무렇지 않게 넘어가는 경우도 허다하고. 참고인 조사 이후 내 개인정보가 유출돼 회사에 기자들이 진을 치고, 내 모든 진술이 어떤 형태로든 언론에 보도되고 있었다. 이것은 당연한 일이 아니라 이상한 일이다. 죄를 지었으니까, 죄를 지은 주제에 국민의 알 권리를 위해 그 정도는 피해 봐도 된다고 생각하는 건 아닌지. 혹시 국민의 그 알 권리를 위해서 어쩔 수 없었다라고 한다면, 적어도 사실이 보도되어야 하지 않을까.

내 생각에는 그런 것 같다. 검사가 책임을 회피하기 위해 전체 사실이 아닌 중요한 몇 가지를 키워드로 언론에 흘리면, 언론이 그걸 받아서 상상의 나래를 펼쳐 기사로 만들고, 또 그 기사를 본 다른 기자는 거기에 살을 붙여서 사실과는 전혀 무관한 이야기를 양산한다. 예전에 '동물의 왕국'에서 독수리 떼가 무자비하게 사냥감의 살을 뜯는 장면을 본 적이 있다. 난 사냥감이 되었고 결국 독수리 떼에 뜯겨 죽어 가는 신세가 된 것이다. 사냥을 한 누군가는 그런 적이 없다고 하고, 독수리는 살이 있어 뜯었다고 하면 그만인 문제는 결코 아니다.

피의사실 공표죄를 잊은 그대들에게….

피의사실 공표죄
형법 제126조에 규정된 것으로, 검찰·경찰·기타 범죄수사에 관한 직무를 행하는 자 또는 이를 감독하거나 보조하는 자가 수사과정에서 알게 된 피의사실을 기소 전에 공표한 경우 성립하는 죄를 말한다.

조사 받을 때 정신만 차리면 그런 일이 없겠지라는 생각을 했었다. 하지만 '상식'이라는 명목 아래, 말이 안 된다는 이유로 반복해서 들이밀다 보면 어쩔 수 없이 내 의도와는 상관이 없는 조서가 만들어진다. 내가 언제 그렇게 말을 했냐고 따지는 순간들도 물론 존재한다. 그러면, '다시 할까요?'라고 되돌아오는 질문과, 나중에 법정에서 정정하면 된다는 식으로 묵인되기 일쑤다.

"조국 교수는 내가 하드를 분리하고 있는지 몰랐습니다."
"조국 교수가 하드를 분리하는 걸 아는지 모르는지 그걸 당신이 어떻게 알 수 있습니까? 상식적으로."

"그냥 저랑 마주치고 인사만 하고 방으로 들어갔습니다."

"그럼 그 순간 그것을 목격하면서 들어갈 수도 있지 않습니까. 모른다고 단정 짓는 걸 보니 조국 교수와 입을 맞추고 거짓말하기로 한 거 아닙니까?"

"아니요. 그런 적 없습니다. 그냥 가벼운 인사만 하고 방에 들어간 후에는 본 적이 없습니다. 그리고 조국 교수가 들어오고 저는 20분 뒤에 집을 나갔습니다."

여기서 '20분'이라는 단어는 블랙홀처럼 모든 상황과 분위기를 빨아들인다. CCTV를 확인해 보니 1시간 정도 같이 있었는데, '20분'이라고 진술한 이유가 무엇입니까?라며 이때까지 나는 볼 수 없었던 CCTV 화면과 출입시간이 기록된 자료를 들이밀었다. 마치 어떤 목적을 가지고 시간으로 거짓말을 하는 사람의 위치가 되어 버렸다. 난 그리 길지 않은 시간인 것 같아 20분이라고 얘기했을 뿐이다. 근데 그것을 마치 거짓 진술한 사람처럼 몰아가면 나도 모르게 긴장감과 초조함이 극에 달한다. 이것이 바로 검사들의 심리전이다. 이런 식으로 조사를 하고 나면 내가 무엇을 말했는지 뭐가 어떻게 되고 있는지 정신을 차릴 수가 없다. 물론 이런 조사는 1회에 끝나지 않는다. 자신들이 원하는 답을 들을 때까지 몇 번이라도 계속 반복해서 물어보는 식이다.

"아니 상식적으로 1시간 동안에 집이라는 같은 공간에 있었는데, 뭘 하는지 모른다는 게 말이 된다고 생각하십니까?"

"그러면 지금 저보고 조국 교수가 하드 교체를 알았다고 말하라는 건가요."

"제가 언제 또 그렇게 얘기했습니까? 아는 사실을, 생각을 말씀하시라고요."

이렇게 얘기가 반복되면 다음과 같은 진술서가 만들어진다.

"나는 모른다. 정황상 1시간 정도 같이 있었으니까, 어쩌면 조국 교수가 모를 수도 있고 알 수도 있다."

"음 그렇다면 조국 교수가 하드 교체하는 것을 알 수도 있다는 얘기네요."

검사는 한 줄의 진술서를 새기기 위해 앞뒤로 많은 이야기를 한다. 진술서를 창조하는 조각가인 양, 의도와 다른 이야기를 하면 계속적으로 그 말이 나올 때까지 모든 것을 멈춘다. 반복하고 반복하고, 답을 유도하면서 의도대로 하나하나 새기고 있다. 하지만 그 반대로 내가 아무리 얘기해도 조서에 새기지 못하는 이야기도 있다.

"조국 교수는 정경심 교수의 자산 내역과 펀드에 대해서는 전혀 모른다."

조서에 절대로 새겨지지 않는 말이다. 검사가 창조한 진술서에 이 말이 들어가면 마치 예술 작품이 엉망이 된다는 듯이.

이렇게 조서가 마무리되고 다음 날 언론에는 이런 기사가 나온다. 헤드라인의 뉘앙스가 내 가슴을 후벼 판다.

'조국, PC하드 교체 한투증권 직원에 "고맙다"'

진술 조서 (제3회, 2019년 9월 11일)

문) 피의자는 전회 조사에서 당시 조국 후보자가 집에 들어왔고, 집에 들어온 뒤에도 10~20분 더 작업을 하였다고 진술하였는데, 그렇다면 피의자가 PC들이 분해된 상태에서 사온 하드 디스크를 끼우고 PC들을 조립하는 작업을 할 때였던 것인가요.

답) 네, 그랬던 것 같습니다.

문) 조국 후보자가 집에 들어왔을 때 피의자는 바로 인지하고 인사를 하였나요.

답) 네, 인사를 하였습니다.

문) 인사는 어디서 하였나요. 작업하던 서재 방에서 밖을 보고 하였나요. 방에서 나와 현관이나 거실 등에서 하였나요.

답) 거실과 부엌 사이의 공간에서 인사를 했습니다.

문) 당시 조국 후보자가 피의자에게 어떤 일로 왔느냐고 묻지는 않던가요.

답) 제가 당시 자주 정경심 교수님 집에 갔기 때문에 이유를 묻지는 않았습니다.

문) 그러나 피의자가 나오면서 작업하던 서재 방 문이 열렸을 텐데, 피의자가 PC 2대를 분해된 상태에서 하드디스크를 교체하는 작업이 밖에서 바로 보였을 것 같은데, 그런가요.

답) 봤을 수도 있고 못 봤을 수도 있고, 그건 제가 잘 모르겠습니다.

문) 피의자가 작업하던 공간인 서재와 조국 후보자가 있던 침실은 바로 마주보고 있는 위치였기 때문에 조국 후보자도 피의자가 분해된 PC들에 하드디스크를 끼우고 조립하는 등 작업을 하던 것을 모두 알고 있었을 수밖에 없었겠는데, 어떤가요.

답) 집안 구조상 그렇긴 한데, 조국 교수님이 알았는지 모르는지 잘 모르겠습니다.

문) 피의자가 집에서 나올 때 조국 후보자는 여전히 안방 침실에서 통화중이었나요.

답) 네 그렇습니다. 다른 날은 배웅도 해주시고 하는데, 그날은 통화를 계속하고 계셨습니다.

언론사의 기사

김 씨는 최근 검찰 조사에서 "조 장관은 PC 하드 교체가 끝난 뒤 집에 온 것이 아니라 퇴근 후 김 씨와 같이 수십 분 머물렀다"며 "조 장관이 하드 교체를 몰랐을 리 없다"고 진술했다. 또 조 장관이 김 씨에게 "고생이 많다. 우리 처를 도와줘서 고맙다"는 인사를 건넸다고 주장했다.

내가 세상에 만들어 낸 말이다. 이 기사를 보는 지금도 가슴이 아프다. 참고로 난 2020년 1월 7일에 기소가 된다. 법을 잊은 그대에게 묻는다. '피의사실 공표죄'를.

＊

예전에 조국 교수가 민정수석으로 있을 때 정경심 교수와 이런저런 이야기를 한 적이 있다. 그 당시 주 5일제하고 최저임금 올린다고, 언론에서 나라가 베네수엘라처럼 된다, 망한다, 경제 다 망친다라고 집중포화를 한 적이 있다. 언론에서 하도 말도 안 되는 이야기들이 나오길래, 내가 답답해서 정경심 교수에게 이런 말을 했다. "저런 말도 안 되는 것을 기사라고 쓰는 언론사는 어떻게 안 돼요? 세무조사 같은 거 해서 그냥 다 없애 버린 다음에 정말 언론사다운 언론사만 기사 쓸 수 있게." 며칠이 지난 후에 정경심 교수가 이 이야기를 다시 시작했다. 아마도 정경심 교수가 조국 교수에게 김차장이 이런 얘기 하더라고 대화를 한 모양이다. 남편의 말이라면서 그 이야기를 전했다. "아무리 좋은 목적이 있다 하더라도 과정상에 위법하거나 문제가 있는 것은 해서는 안 된다. 그러면 내가 우병우 같은 사람하고 다를 바가 뭐냐. 내 권한도 아니고 절차상 문제가 있는 행동은 절대로 할 수 없다."

법의 탈을 쓰고 편법을 자행하는 자와 원리원칙을 지키는 자의 싸움.

나는 누구, 여긴 어디

'이쪽 편, 저쪽 편' 자택 하드를 제출한 순간부터 계속해서 듣고 있는 말 중 하나다. 검찰은 나를 협력자라고 생각하고, 그야말로 언론에 마구잡이로 미끼를 던진다. 그 미끼를 받은 언론은 아주 자유롭게 상상의 나래를 펼친다. 이게 그런 것 같다. 처음에는 여론몰이를 위해 천천히 하나둘씩 소스를 던지고 어느 정도 여론이 형성되었다고 생각하면 그때부터는 막무가내로 본격적인 마녀사냥을 시작한다. 거기에 피의자인 내가 본인들 편이라고 생각하니 더 이상 경계할 것이 없다는 식이다.

오죽하면 정경심 교수가 나한테 그만 좀 하라는 메시지를 전달했을까. 나는 그냥 또 검찰 조사를 받았다. 기존과 좀 달라진 점은 검사들이 항상 조사하기 전에 정경심 교수 진술서를 보여 주면서 이런 말로 시작한다는 것이다.

> "오늘 정경심 교수가 이렇게 진술했는데."
> "오늘 정경심 교수가 저렇게 진술했는데."
> "오늘 정경심 교수가 그렇게 진술했는데."

이 진술이라는 것이 나한테 다 불리한 진술들이다. 이제 네 인생 끝났어, 조국, 정경심 교수가 너 살려 줄 것 같냐, 라는 뉘앙스인데, 아마도 검사가 노린 것은 내 심기를 건드려 그들이 원하는 말을 하라는 의도인 듯했다. 이간질을 통한 와해작전, 뭐 그런 느낌이다.

사실 매일 10시간씩 조사를 받고 있으면, 나는 누구인지, 여기는 어디인지 가물가물할 때가 많다. 처음 조사 받으러 갈 때만 해도 '호랑이 굴에 들어가도 정신만 차리면 산다'는 어린 시절 배웠던 속담을 떠올리며 아주 패기가 당당했었다. 그런데 조사를 받으면 받을수록 그런 것들이 다 무의미하다는 것을 깨달았다. 정신을 차리고 있어도, 결국 정신이 없어질 때까지 조사를 한다. 그렇다고 없는 사실을 알지도 못하는 사실을 이야기한 것은 아니었다. 없는 사실과 알지 못하는 사실은 나는 정말 몰랐고 말하지도 않았다. 검찰에서 던져 주는 주제를 가지고 언론에 포진된 문화생들이 한 편의 창작 소설을 만들어 내는 형국이 계속 이어졌다.

진술 조서 (제4회, 2019년 9월 20일)

문) 정경심이 어떤 방법으로 피의자에게 연락을 하였나요.

답) 텔레그램을 이용해서 "왜 이러니."가 첫 번째 줄이었고, "니네 변호사한테 연락해서 언론 플레이 좀 자제해라."가 두 번째 줄이었습니다. "네가 검찰에 제출한 하드디스크 포렌식할 때 우리 변호사들이 참관하고 싶다."가 세 번째 줄이었습니다.

문) 피의자는 정경심으로부터 위와 같은 연락을 받고 어땠나요.

답) 그냥 말투 자체가 '나를 배신자로 생각하는구나.'라고 생각했습니다. 그 이후로는 수신차단을 했고, 정경심으로부터 전화나 문자로 연락 받은 사실이 없습니다. 언론에서는 정경심 측 변호인들도 저에게 협박성 문자를 보낸다는 취지의 보도가 있었는데 그것은 과장된 보도 같습니다. 정경심측 변호사들로부터는 연락받은 적은 없습니다.

언론사들의 헤드라인 기사

조국 부인, 증거인멸 실토한 재산관리인 한투 직원에 '네가 어떻게 나를 배신해' 비밀메시지
정경심 "네가 어떻게 나를 배신해?"
조국 부인, '사모펀드 의혹 진술' 한투증권사 직원에게 "어떻게 이럴 수 있나"

검찰이 어떤 것을 흘리면 기자들이 짜깁기를 해서 이런 기사들을 쏟아 낸다. 그리고 조서라는 것도, 사실에 가까울 수 있지만, 사실이라고 할 수는 없다. 전에 언급했지만 조사를 받다 보면 검사의 압박과 심리전에 말려 들어가 내가 한 말이 조금 다른 뉘앙스와 다른 사실로 쓰여진다. 뭔가 좀 다르다고 하면. '그럼 다시 처음부터 할까요?', '혹시 잘못 진술한 것이 있으면 다시 하셔도 되고 나중에 재판에 가서 정정하셔도 됩니다'라고 이야기를 한다. 10시간 정도 조사를 받

으면 몸이 녹초가 되고 정신이 몽롱해진다. 거기서 다시 처음부터 한다고 하면 지옥 같은 하루가 한 번 더 생겨나는 것일 뿐이다. 뭐가 어떻게 되지도 모르겠고, 그냥 재판에 가서 정정해야겠다는 생각밖에는 들지 않는다. 아주 집요하게 말꼬리를 잡으면서 '상식'을 운운하면, 어쩔 수 없이 나의 추측과 느낌은 확신으로 변해 조서에 등장하고, 이렇게 조서는 점점 거짓인 듯 진실인 듯 그 형태를 갖추어 간다.

개인적인 생각으로 대통령이 임명한 장관이면 검사들보다 높은 지위인데, 현행범도 아니고 갑자기 10년 전에 있었던 일부터 조사하고, 30여 곳을 압수한다는 것이 도무지 이해가 되지 않았다. 정경심 교수도 자신의 주변이 다 압수수색 당하면서 화가 많이 나 있었고, 나 역시 갑자기 휘몰아치는 회오리에 빠져들어 정신없이 살다 보니 많이 열 받아 있었다. 그리고 금융관련 일을 하기에 여의도 찌라시를 많이 접하는데, 당시 찌라시에는 '윤석열이 조국 교수를 쳤다', '윤석열이 질투심으로 조국 제거에 나섰다', '윤석열이 대통령한테 삐졌다' 등의 내용이 있었기에 윤석열 배신, 검찰 배신, 검찰총장 배신 등을 검색한 적이 있었다. 검찰 조사에서 이 검색 내용에 관한 집중조사가 이어졌다.

"왜 이런 검색을 했습니까? 왜 이와 관련 조사를 했습니까?"

특히 '배신'이라는 단어에 초점을 맞췄다. 수사를 하기 위해서는 증거은닉 관련한 동기가 필요했고, 그 동기는 바로 '배신당한 심정'이다. 30여 곳 압수수색이 이루어지자 문재인 대통령이 박상기 법무부 장관에게 전화를 했고, 전혀 상황을 모르고 있었던 박상기 법무부장관이 윤석열 검찰총장에게 전화를 걸었는데, 전화를 안 받고 하루인가, 이틀인가 전화를 꺼두었다라면서, 윤석열 총장이 독단적으로 저렇게 했다면서 정경심 교수는 화가 많이 나 있었고 나도 역시 그런 감정이었다고 진술했다. 그리고 이 말에 덧붙여 조국 교수는 '검찰은 해야 하는 일을 한 것'이라고 했다고 진술했다. 이 말을 덧붙인 이유는 '조국 교수는 이런 사람이다'라는 것을 알려 주고 싶은 취지였는데, 그런 것은 신경도 안 쓰고 오로지 의심하는 정황으로만 이 진술이 사용되었다.

물론 조서에도 본인들이 필요한 부분만 기재되었다. 이때부터 검사는 정말 의심만 하는 직업이구나라는 생각과 함께 이런 생각으로 사회생활이 가능할까? 집에 가서 와이프도 이렇게 의심할까?라는, 참 독한 사람들이란 생각을 품게 되었다. 하여간 정경심 교수는 나에게 직접적으로 검찰에 배신당했다는 말을 한 적이 없었다. 그러나 조사가 몇 차례 진행되면서 이런 자극적인 진술서가 만들어졌다.

진술 조서 (제2회, 2019년 9월 21일)

문) 그게 다인가요.
답) 검찰한테 배신을 당했다고 했습니다.

언론사들의 헤드라인 기사

자산관리인 "정경심, 윤석열 검찰이 우리 배신했다 말해"
조국 부인 정경심, "검찰이 우리 배신했다"
조국 자산관리인, 정경심 검찰이 배신했다며 증거은닉 지시

참 절묘하다. 내가 한 말 같으면서도 내가 하지 않은 말 같은… 나도 모르겠다. 거짓말도 아니고 진실도 아닌 채 조서가 되고 언론기사가 된다. 사실을 말한 것과 느낌을 말한 것이 합쳐져서 저렇게 말이 이상하게 변한다. 같은 말 같으면서 뉘앙스는 엄청난 차이를 보인다. 이런 상황을 계속 접하며 조사를 받다 보면 내가 누구고 여긴 어디이고, 뭐라고 했

는지 도무지 알 수가 없다. 그냥 난 장난감 공이고 누가 발로 차면 저리로 가 있고, 누가 또 발로 차면 난 이리로 가 있고, 뭐 그런 상황의 반복이다.

조리돌림

죄인을 사람이 많은 곳에 공개해 수치심을 주는 처벌 방식으로, 심리적인 압박을 가해 같은 범죄 행위가 재발하는 것을 막기 위해 행해진다.

2019년의 대한민국에서 나는 조리돌림을 당하고 있었다. 그러다 보니 이런 놈도 되고 저런 놈도 되고 이 편도 되고 저 편도 되고 저기서 욕먹고 여기서 욕먹고, 정신은 그야말로 황폐해졌다.

그래도 조금은 정신을 차리자는 생각으로 정경심 교수와의 연락을 차단했다. 지금 검찰이 정경심 교수와 내가 서로 앙숙이 되게 분위기를 몰아가고 있는데 거기에 휘말리면 안 된다는 판단이었다. 그래서 어느 순간부터는 그런 기사를 보고 댓글을 보는 것이 너무 힘들어 기사 자체를 전혀 안 봤다.

그러면서 마인드 컨트롤을 하기 시작했다.

'난 영화나 연극을 보고 있다.
저기 있는 김경록은 내가 아니다.
그냥 허상의 김경록이다.
난 저 김경록이 절대 아니다.'

이런 마인드컨트롤을 하면서 그 순간을 견디려고 부단히
노력했다. 그러면서 기사가 아니라 나의 이야기, 우리의 이
야기를 제대로 말하고 있는 방송을 찾기 시작했다. 이 상황
에 대한 정확한 공부를 해서 검사의 유도심문에 넘어가지
않기 위해서다. 이런 정확한 방송(개인방송, 유투브 등)을 찾는
방법은 의외로 간단했다. 내 이야기를 정확하게 방송하는 사
람만 찾으면 됐다. 그런 방송은 세상에 알려지지 않았을 뿐
의외로 많았다. 그중에서 일방적으로 어느 쪽에 유리하게만
몰아가는 방송을 빼고 선택한 것이 「빨간아재」와 「김어준의
뉴스공장」이다. 이 방송을 통해서 상황을 제대로 인식하고
공부하기 시작했다. 그리고 누구의 말도 듣지 않고 어느 누
구도 의식하지 않고 내 스타일대로 이 상황을 정면 돌파하
기로 했다.

이런 상황에서 어느 날 동생이 물었다.

"형은 도대체 어떤 편이야? 숨긴 사람도 됐다가 찾아 주는 사람도 됐다가 뭐 저런 놈도 됐다가 이런 놈도 됐다가?, 도대체 누구 편이야?"

"내가 어디 편인지 어떻게 알아? 그건 언론이 정해 주는 건데…."

알릴레오와의 인터뷰가 알려지고 나서 조국 교수가 유시민 이사장에게 다급하게 전화를 했다는 것을 들었다. 당시에는 내가 한 것도 안 한 것도 아닌 말들이 계속 언론으로 보도되는 시기여서 걱정이 많이 되었던 모양이다. 유시민 이사장은 '공무에 바쁘실 텐데 본인 일을 열심히 하시라'고만 얘기했단다.

하여간 내가 검찰 쪽인지, 아니면 그 반대인지, 뭐 하는 사람인지, 내가 누군지, 동생도 모르고, 가족도 모르고, 검찰도 모르고, 조국 교수도 모르고, 세상 사람들은 당연히 모르고, 나도 모르고….

'그러니 저 허상의 김경록은 내가 아니다. 그저 연극하는 김경록이다. 실제의 내가 아니다.'

속으로 이런 생각을 수백 번 되뇌었다. 이것은 인간이 아닌 도구로 쓰이고 있는 내가 버틸 수 있는 유일한 방법이기도 했다.

*

　처음으로 조국 교수와 단둘이 밥을 먹은 건, 검찰과 언론
이 조국 교수와 그 가족들에게 융단 폭격을 가하면서이다.
정경심 교수 아들을 챙겨 주고 힘들어하는 가족들에게 조그
마한 도움이 되고 싶었다. 그날 정경심 교수가 아들 저녁 좀
챙겨 주라고 해서 설렁탕 2인분을 포장해서 정경심 교수 집
으로 갔다. 아빠도 아직 밥을 안 먹었을 거 같다는 아들의 말
에, 같이 (아빠를) 기다리던 중 조국 교수가 들어왔다. 설렁탕
이 2인분뿐이어서, 아들은 나를 챙기려고, 자기는 밖에 나가
서 이것저것 사 먹겠다고 말했다. 이 상황이 좀 뻘쭘하기도
했고 워낙 조국 교수와는 이야기를 한 적이 없는 터라 머뭇
거리고 있었다. 그러는 나를 보고 조국 교수가 여기 식탁에
와서 같이 밥을 먹자고 해서 식탁에 앉았다. 별 할 말도 없고
해서 그냥 물어봤다.

　"섭섭하지는 않으세요?"

　"어떤 부분을 말씀하시는지?"

　"윤석열, 뭐 검찰이 저렇게 하고 언론에서 진짜 나쁜 사람

으로 그렇게 몰고 가는데, 안 섭섭하세요?"

"검찰은 자기에게 주어진 일을 하는 거고… 이번에 공인이 된다는 것이 참 힘든 일이라는 것을 알았습니다."

내가 지금까지 알고 있던 조국 교수와 같은 모습이었지만, 그래도 가족을 거의 파멸시키려는 상황에서도 저렇게 의연하게 얘기할 수 있다는 것이 신기했다. 역시 나와는 다른 차원의 사람이구나, 나 같으면 쌍욕부터 했을 텐데….

닭이 먼저냐 달걀이 먼저냐

검사의 언론 플레이에서 주목해야 할 부분은, 중요한 사항이라고 생각되는 것은 처음부터 언론에 흘리지 않는다는 것이다. 확실하고 중요한 것은 손에 쥐고 있다가 현재의 상황이나 여론을 보고 필요할 때 전세를 역전시킬 수 있는 히든카드로 쓰거나 나중의 재판을 위해 아껴 둔다고 보면 된다. 그런데 별거 없거나 뭐가 안 나오면 슬슬 아궁이에 불을 지피기 시작한다. 그 연기를 본 언론들은 부채질을 하고 그 연기로 세상을 온통 뿌옇게 만들어 사람들의 눈을 흐리게 만든다. 파란 하늘을 볼 수 없는 사람들은 그 뿌연 연기에 휘둘리다가, 그 연기가 가셔도 파란 하늘에 의문점을 갖게 된다. 그렇게 검사에게서 시작된 연기이지만, 사람들은 '아니 땐

굴뚝에 연기나랴'는 속담을 되새기며 그 연기를 사냥감들이 낸 연기로 착각한다. 그러면서 어떤 것이 진실인지 모르는 상황이 계속 반복되면서 희생자들이 생겨난다.

아직도 이런 일이 생길 수 있냐는 이야기에 내가 하고 싶은 말은 딱 하나다. 그 이전에 평범한 일상을 살았던 나도 그런 생각을 가졌었지만, 이 일을 겪으면서 깨달았다.

'지금도 이런 일이 생기고 있고 앞으로도 계속 생길 것이라고. 그리고 그 희생자가 당신이 아니라는 법은 절대로 없다는 것을.'

[단독]조국 부인측, 증권사 직원 변호인 주선 시도

실제로 언론에 나온 기사다. 앞서 언급된 내용이기도 하지만, 팩트는 이렇다. 이인걸 변호사가 나중에 변호사 필요하면 자신이 코업하는 변호사를 소개시켜 주겠다면서 명함 한 장을 건넸다. 그걸 아무 생각 없이 주머니에 갖고 있다가 회사 압수수색에서 어떻게든 녹음파일을 지키기 위해서 그 명함에 있는 변호사에게 와 달라고 한 것이 전부이다. 이런 사실이 저렇게 뭔가 나쁜 일을 하는 것처럼 변질됐다.

내가 정경심 교수 자택 PC 하드를 제출하는 날, 검사가 의미심장한 말을 했다는 것을 언급했었다. 그날 그 증거물을 획득한 검사가 손을 떨 정도로 그들은 그 하드디스크가 굉장히 중요하다고 생각하고 있었다. 그래서 그 하드디스크의 내용을 다 파악하고 정리한 후에 주요 포인트에서 반전의 카드 또는 연기를 더 피우는 것으로 사용해야 하는데, 이것을 누군가가 훼방을 놓아, 기사가 난 것이다. 아마 포렌식으로 PC 하드를 돌려 본 후에 별 중요한 것을 찾지 못했을 것 같다. 나도 아직 거기서 무엇이 나온지 모른다. 물론 동양대 PC도 마찬가지다. 이미 언론에 알려졌으니, 이제는 모두가 아시다시피 연기를 피우는 용도로 이 하드를 사용하기 시작했다.

　"수사 중인 사항이라 말씀을 드릴 수 없습니다."

　기자회견에서 아주 자주 듣는 말이다. 이걸 곧이곧대로 믿는다는 것은 참 어리석은 일이다. 이 말을 달리 해석하면 수사 중인 사항이라 '대놓고 말씀은 못 드리겠고, 조용히 언론을 통해서 살짝 왜곡해서 알려 드릴 테니 나중에 기사를 보고 확인하시면 된다'로 생각하면 된다.

　　정경심 'VIP 고객' 아니라는데…한투 PB는 왜 도왔을까

애초에 사실 관계부터가 잘못됐다. 내가 VIP 고객만 관리하는 사람도 아닌데, 이런 연기를 내뿜는다. 조용하고 뭐가 없다 싶으면 어디선가 이상한 정보를 가지고 사람을 흔들어 놓는다. 넌 내가 아니라는데 기사를 왜 썼을까.

정경심, 조사받다 김경록PB 마주쳐, 구속기간 11일로 연장

이 기사는 검찰이 피의자들을 어떻게 갖고 노는지(?), 검찰이 얼마나 야비한지를 단적으로 보여 주고 있다. 조사를 받으러 갈 때는 변호사와 같이 간다. 출입증을 받고 변호사가 전화를 한 후 11층으로 올라가게 된다. 그날따라 변호사가 전화를 하더니 잠깐 대기하라고 했다며, 1층 엘레베이터 앞에 서서 기다리고 있었다. 시간이 좀 지난 후에 전화를 받고 우리는 올라갔다. 11층에서 복도를 걸어가고 있는데 저 앞에서 교정 직원과 함께 정경심 교수가 걸어오고 있었고, 나와 정경심 교수는 복도에서 마주치며 지나쳤다. 난 단 한 번도 11층에서 다른 사람을 만난 적이 없었다. 처음에는 왜 나와 정경심 교수를 마주치게 했을까? 나한테 원하는 것이 무엇일까?라는 생각만 했는데, 좀 지나고 보니 정경심 교수에 대한 압박 카드라는 생각이 들었다. 김경록이 지금 여기서 조사 받고 있으니 조심하라는. 검찰은 끝까지 이렇게 비겁하고 치사했다. 11층에는 CCTV가 있을까? 그 상황은 나와 변호사, 교정 직원 그리고 정경심 교수 이렇게 넷 밖에 알 수가 없었다.

알릴레오 편집방송 논란에 PB 김모씨는 "인터뷰 후회한다"

KBS와 알릴레오의 자세한 이야기는 이후에 다시 하겠지만, 어떻게 이런 기사가 나올 수 있는 걸까? 마치 인터뷰가 이상하게 나가서 후회하는 것처럼…. 난 단 한 번도 알릴레오에 나간 것을 후회한 적이 없고 편집권 일체를 유시민 이사장에게 넘겼는데도 말이다. 난 지금도 유시민 이사장을 만난 걸 가장 잘한 일이라고 생각한다.

하여간 너무나 많은 기사가 순식간에 쏟아지면 그냥 넋이 나간다. 기사가 너무 빨리 나오니까, 어느 순간부터는 이것조차도 모르겠다. 조사가 먼저였는지 기사가 먼저였는지 헷갈리면서, 기사가 먼저 나고 조사를 받은 것은 아닌지 계속 헷갈린다. 달걀이 먼저인지 닭이 먼저인지 기사가 먼저인지 검찰이 먼저인지 닭이 먼저인지 검찰이 먼저인지…. 나중에는 하도 헷갈려서 이런 헛소리를 중얼거린다. 검찰이 달걀을 낳고, 닭의 머리를 한 언론으로 컸다고….

*

　정경심 교수 아들과는 친하게 지냈다. 날 잘 따르기도 해서 같이 농구하러 다니기도 하고, 운동이 끝난 후에는 밥도 같이 먹고, 참 재미있는 시간들을 많이 보냈다. 그런데 그 아들이 커서 대학에 입학했다는 소식을 전해 왔다. 친동생 같은 친구이기에 입학 전에 뭐라도 선물을 하고 싶어 평소 갖고 싶어 하는 시계를 선물했다. 그런데 며칠이 지나서 아들한테 연락이 왔다. 내용인즉슨 아무리 경록이형이 너와 어렸을 때부터 친한 사이라고 해도 엄연히 엄마를 손님으로 모시고 있는 분인데, 네가 이 선물을 받는 것이 정당한 것이냐고 야단을 맞았다고 했다. 그리고 아빠가 시계에 대해서 생각을 해보라고 했다고.

　그전에는 그런 이야기를 잘 안 들었는데, 요즈음 많이 듣는 이야기가 있다. 조국 교수에게, 정경심 교수에게 잘 보여서 나중에 뭐 한 자리라도 하려는 거냐, 뭘 그렇게까지 했냐는 등의 내용이 주를 이루는데, 정말로 그런 사람들은 조국,

정경심 교수를 진짜 몰라서 하는 말이다. 오랜 시간을 함께 하면서 그들 부부를 봐온 사람이라면 절대로 그런 얘기를 할 수 없다. 그런 조국 교수가 장학금 청탁을 했다고 한다. 글쎄….

Ⅲ. 검은 유착

의심인가, 확신인가

9월 10일 화요일, 첫 피의자 심문이 있는 날이다. 변호사 사무실에 10시쯤인가 도착했는데, 사무실에는 변호사 외에 KBS 법조팀장이 같이 자리하고 있었다. 변호사와 KBS 법조팀장은 나와 20년지기 대학 선후배다. 물론 변호사와 KBS 법조팀장도 30년지기 대학 선후배다. KBS 법조팀장이와 있다는 얘기를 듣고, 정중히 인터뷰 거절을 하려고 왔다. KBS 법조팀장은 이 일련의 사건 속에 등장하는 김 PB가 나인 줄 몰랐다가 알게 돼서 급하게 온 상황이라고 설명을 했다. 변호사는 우리도 계속 당하고만 있지 말고 믿을 만한 창구를 마련해 상황에 대처해야 되지 않느냐고 말했다. 그때까지 난 언론을 전혀 믿지 않았기에 당연히 한 차례의 인터뷰도 한 적이 없다.

"너 지금 조범동이 해외로 나갔는데, 나중에 한국에 들어와서 너한테 다 덤탱이 씌울 수 있어?"

너무 급하게 온 나머지 상황 파악이 좀 덜 된 것 같았다. 조범동은 정경심 교수에게 사기 치고 도망가 있는 상태였다. 정경심 교수와 나는 이 조범동을 꼭 잡아야 할 상황인데, 난 본 적도 없는 조범동이 한국에 들어와서 나한테 다 책임을 전가한다는 말 자체가 어불성설이다.

"형, 그건 말도 안 되는 이야기이고 인터뷰할 생각이 전혀 없어요. 그리고 오늘 저 첫 피의자 조사 있는 날이에요."

단칼에 거절했다. 변호사는 너희 둘이 잘 얘기해 보라면서 자리를 떠났다. 법조팀장은 그 뒤에도 너 방어해야 한다고, 정경심 교수와 조국 교수가 너한테 다 뒤집어씌울 수도 있다며 계속 인터뷰의 필요성을 강조했다. 예전부터 인터뷰를 설득하기 위해서, 반드시 이 말을 사용할 거라고 생각했기에 미리 준비한 대답을 했다.

"만약에 그러면 제가 그냥 사람 잘못 봤다고 생각하고 서울 사람들한테 배신당했다, 뭐 그렇게 생각하고 살아야죠. 뭐 어쩔 수 없죠."

다시 한 번 단칼에 거절했다.

그때부터는 인터뷰의 필요성과 당위성보다는, 검찰에 자신의 인맥을 과시하면서 인터뷰를 한번 하면 안 되겠냐는 부탁을 하기 시작했다.

"지금 윤선배 성격상 이거 그냥 안 넘어가… 내가 3차장하고 밥도 먹고 친한데, 3차장이 네 혐의를 엄중하게 보고 있어."

난 검사들의 조직도 잘 모르고, 여기서 언급된 윤석열의 출신학교도 몰랐다. 그 이야기를 들으면서 속으로는 이런 생각을 했다.

'아니 윤석열이 우리 학교를 나왔나. 선배인가 보네. 그리고 도대체 저 3차장 이야기는 왜 이렇게 많이 하는 거지. 나도 회사에서는 차장인데 이왕 이야기할 거면 좀 높은 사람 얘기나 하지, 뭔 차장 가지고.'

그리고 하나의 메모를 했다.

'3차장, 나에 대해 잘 얘기해 준다고 함'.

이런저런 얘기 끝에 신뢰할 수 있는 선배였기에, 조국 교수는 사모펀드에 대해서는 몰랐다는 내용을 인터뷰하고 그것을 방송으로 내보내는 조건과 내가 오늘 피의자 조사니 증거인멸 관련된 내용은 이야기하지 않는 것으로 하고 결국 인터뷰를 수락했다. 일단 그래도 방송 인터뷰이니 집에 가서 옷을 갈아입어야 했기에, KBS 법조팀장이 몰고 온 KBS 차량을 타고 가면서 내가 물었다.

"형, 그런데 조사 끝나고 인터뷰해도 되는데, 왜 이렇게 급하게 하세요. 저 오후에 피의자 첫 조사인데⋯."

"이게 명절 이틀 전에는 방송에 나가야 해. 그래야 여론이 형성이 되거든. 그래서 좀 급하게 됐어."

이런 얘기와 함께 KBS 법조팀장은 조금 흥분한 상태로, 아들 표창장에서 오려가지고 딸 표창장에 붙였고, 우리는 다 알고, 우리 사이에서는 이미 조국은 매장됐다, 조국 저 진짜 나쁜 놈이다, 는 등의 이야기를 했다. 난 지금 분명 조국 교수는 사모펀드를 몰랐다는 내용을 인터뷰하러 가는데, 내가 지금 어떤 스탠스를 취하고 있는지 좀 헷갈렸나 보다.

하여간 그 후 KBS 법조팀장은 KBS 차를 타고, 나는 내 차를 타고 KBS 여의도 신관으로 향했다. 가는 길에 나도 조금 기분이 업이 돼서 정경심 교수와 문자로 연락을 취했다.

"지금 제가 아는 믿을 만한 기자 형이 있어서, 지금 인터뷰를 하러 갑니다. 솔직하게 우리 얘기를 해줄 사람을 찾았어요."

"조심해. 안 갔으면 좋겠는데⋯."

"확실해요. 제가 정말 믿는 형이에요."

KBS 인터뷰는 생각과 달리 내가 자유롭게 말하는 분위기는 아니었다. 어떤 사항에 질문을 하면 그 질문에 답하는 식이다. 맞다, 바로 검찰 조사의 방식이다. 그리고 더 이상한 것은 검사의 질문과 유사한 부분도 있고, 사모펀드 문제가 한창이었는데 조범동에 대해서는 전혀 묻지도 않고…. 내 영혼까지 털어 간 김○○ 부부장밖에 모르는 사실들을 인지한 질문도 있었다.

문) 처음에 그럼 투자를 하실 때 당연히 이제 원래 한투에 있던 금액을 어느 정도 투자가 된 거다 보니까 금액적인 부분에 대해서 교수님한테도 설명을 하셨을 것 같은데요. '얼마 정도가 들어가겠다.' 하면서 그런 식으로 증여 부분도 얘기를 하셨나요? 사실 후보자님께서 아드님, 따님이 있으시니까 '그 부분도 같이 해서 들어갈 거다' 그런 것도 상의를 하셨어요?

이 질문에서부터 좀 이상한 느낌을 받기 시작했다. 왜 갑자기 증여로 내용을 전환하지? 그리고 왜 그걸 나한테 물어보는 걸까? 증여 업무를 처리한 사람이 나라는 사실을 이미 알고 있는 것인가? 나는 아직도 모르겠다. 저 맥락에서 증여가 왜 들어갔는지? 그리고 그것을 나에게 묻는 이유도.

그다음 질문은 내가 더 의심할 수밖에 없게 만들었다.

문) 여기서 2017년에 동생 명의로도 코링크 지분을 샀잖아
요. 이것도 일을 같이 해주신 건지?

답) 아닙니다. 저는 그 부분에 대해서는 기사 나가고 나서
알게 됐습니다.

문) 동생 정 모씨 명의로 투자를 하고 이런 부분에 대해서
는 전혀 관여하신 바가 없으신 거고….

답) 네.

문) 그러면 정 교수님이 동생한테 3억 원을 빌려 줘서 투자
하는 과정도 전혀 모르셨던 건가요?

답) 네. 돈을 빌려 준 게 금액이 얼마고 이런 부분들은 제가
기사를 보더라도 잘 기억이 나지가 않더라고요.

정경심 교수 동생 정광보 씨에 대한 질문이 계속 이어졌다. 모른다고 하면 어느 선에서 마무리하고 넘어가야 하는데 뭔가 이상했다. 몇 번이고 모른다고 했는데, 계속 정광보 씨에 대해서 물어보고 있는 것이다. '정광보 씨를 만난 적이 있느냐?'는 질문이 나와야 하는데, 그 질문은 생략한 채…. 계속 정광보 씨에 대한 질문이 이어진다.

문) 그럼 코링크 외에 정경심 씨의 동생 분 주식관리나 자산관리를 해준 적은 전혀 없으신 건가요?

답) 아닙니다. 기존의 정광보…. 동생 분도 계좌가 있으셨고요. 똑같이 제가 고객님 관리하듯이, 고액은 아니었고, 소액으로 관리하고 있었습니다.

문) 정광보 씨 주식이나 대출이나 이런 부분에 대해서 정경심 교수님이 같이 하거나 도와달라고 하거나 하는 부분이 없었고요.

답) 그 대출 같은 경우는 증권사에서 취급하는 업무가 아니거든요. 그래서 제가 추가적으로 설명을 드릴 수 있는 부분이 없었습니다.

문) 아, 물어보신 적은 있었고요?

답) 그런 부분들은 물어보셨고요. 저희가 이제 증권사에서 취급하는 상품이 아니다. 개인 부동산을 저희가 대출하지는 않거든요. PF 같이 구조화 상품만.

문) 동생 명의로는 대출을 물으신 것?

답) 동생 명의인지는 제가 그거는 정확하게 기억을 할 수 없는데요. 그때 그렇게 대출 관련해서 문의를 하셨습니다.

이런 질문의 형태가 '상식'적으로 잘 이해가 되지 않았다. 처음부터 정광보 씨에 대해서는 모른다고 일관성 있게 얘기했는데, 질문은 집요하게 정광보 씨를 향하고 있었다. '정광보 씨 주식계좌를 소액으로 관리를 하는데, 정광보 씨 주식이나 대출이나 이런 부분에 대해서 정경심 교수님이 같이 하거나 도와 달라고 하거나 하는 부분이 없었고요.' 이것은 내가 정경심 교수를 통해 정광보 씨 계좌를 관리하고 있었다는 사실을 모르고서는 절대로 물을 수 있는 질문이 아니었다.

KBS 인터뷰 어디에도 정광보 씨가 내 고객이었다는 것을 유추할 수 있는 내용은 없다. 정광보 씨가 내 고객이라는 사실은 김○○ 검사만이 알고 있을 뿐이다. 특히 대출의 경우에는 나도 몰랐다가, 검찰 조사 받으면서 정광보 씨 명의의 부동산을 문의한 것을 기억해 낸 경우인데, KBS 인터뷰 질문에서는 마치 그런 사실을 알고 있다는 듯이 그쪽으로 유도하고 있었다. 증여, 정광보 씨 고객, 정광보 씨 명의의 부동산 대출 문의. 이런 키워드는 지난주 조사에서 나온 내용들이다.

> 문) 조국 장관과는 이 투자 기간에 선생님이랑 만난 적이 있으신지?
> 문) 몇 차례 정도?
> 문) 그러면 정 교수님께서 소개를 시켜주신 거예요?

이 질문이 겉으로 보기에는 하나도 이상하지 않다. 그런데 이날 KBS 인터뷰에서 조국 교수에 대한 질문이 거의 이 정도가 전부였다라는 사실을 알면 매우 이상하다. 당시 조국 교수가 사모펀드를 알았네, 몰랐네의 갑론을박이 진행되는 상황에서 나에게 물어보는 것이 이게 전부여서는 안 됐다. 정광보 씨는 모른다고 해도 끝까지 집요하게 물어보면서…. '상식'적으로 조국 교수가 주식에 대해 물어본 적 있나요? 조국 교수가 투자를 한 적 있나요? 조국 교수가 사모펀드 가입하는데 뭐 한 적이 있나요? 등의 질문이 당연히 기자 입에서 나와야 했다. 검찰이 내 문자메시지를 보고 조국 교수에 대해서 별로 물어볼 것이 없었던 것과 같이 그래서는 안 됐다. 적어도 아무것도 모르는 기자였다면 언론 인터뷰를 처음 하는 나에게…. 그리고 그래서도 안 됐다. '조국 교수는 펀드에 대해 전혀 모른다'라는 전제를 무시하고, 그와 관련해서 물어보지도 않고, '조국 교수는 펀드에 대해서 안다'는 식으로….

약간 찝찝하기는 했지만, 그래도 그 질문에 답을 하면 하나의 결론에 도달하기 때문에 계속 인터뷰에 응했다.

'조국 교수는 사모펀드를 모른다.'

이렇게 인터뷰를 하는데, 갑자기 약속과 다른 질문을 했다.

"지난 달 31일 밤에 영주 다녀오셨잖아요?"

여기서 인터뷰를 잠시 끊었다. KBS 법조팀장이 괜찮으니까 일단 하고 자기네들이 제대로 편집해서 잘 내보낼 테니 걱정 말라고 해서 인터뷰를 이어 갔다. 인터뷰가 끝나고 KBS 법조팀장이 박수를 치면서 말을 했다.

"중요한 내용은 못 건졌는데, 그래도 조국 교수가 펀드는 정말 몰랐네."

공식 인터뷰는 끝나고 카메라가 꺼진 상태에서 KBS 법조팀장과 KBS 기자들과 이런 얘기를 나누었다.

"최성해 총장을 좀 조사해 보는 게 어떻겠어요? 제가 듣기로는 최성해 총장이 어떤 교수는 1,500만 원, 어떤 교수는 1,000만 원 기부금을 내라고 하고는 기부금 영수증도 안 끊어 줬다고 하던데. 정경심 교수도 어쩔 수 없이 1,500만 원 기부금을 냈는데, 기부금 영수증을 안 끊어 줘서 화를 많이 낸 적이 있었어요. 그건 완전 삥 뜯는 거잖아요. 그런 나쁜 놈을 취재해야죠."

KBS 법조팀장과 기자는 대수롭지 않다는 듯, 어디 게시판에서 본 적 있는 것 같은데, 하며 별 반응을 보이지 않았다. 그래서 내가 아는 사실 하나를 더 말했다.

"조국 교수가 민정수석 취임했을 때 조국 교수 양복 맞춰 준다고 집까지 쫓아왔다가 쫓겨난 적도 있어요. 최성해 총장이 여러 로비와 청탁들이 있었는데 그걸 숨기려고 일부러 대립각을 세우는 것일 수도 있어요."

이에 KBS 법조팀장은 이건 좀 조사를 해봐야겠다고 하면서, 옆에 있는 KBS 기자에게 취재하라고 지시했다. 그렇게 인터뷰는 끝났고, 나는 검찰 조사를 받으러 출발했다.

이미 9월 7일 토요일 피의자 신분 참고인 조사에서 김○○ 부부장 검사에게 영혼을 털린 후 검사들의 발목이라도 잡기 위해 엄청난 집중을 기울이고 있는 상태였다. 검사 책상 위에는 검사가 보는 모니터가 있고, 오른쪽 끝에는 조서를 치는 모니터가 세로로 세워져 있다. 그리고 검사 뒤편으로는 창문이 있다. 그래서 나는 조사를 받을 때마다 유리창에 비치는 컴퓨터의 글자를 읽어 보려고 엄청난 노력을 하고 있었다. 희미할 뿐, 글자의 정확한 형태까지는 안 보였지만, 적어도 검사가 어떤 화면을 띄워 놓고 보는지는 알 수 있었다.

이날도 마찬가지로 곽○○ 검사에게 조사를 받고 있는데, 검사가 메신저를 하는 것이 보였다. 그리고 그 메신저 화면을 프린트 하더니 내가 보고 있는 모니터 앞쪽에 엎어 놓았다. 그때부터는 유리창에 비친 화면보다도 그 종이에 적힌

글자에 신경을 쓰며 속으로 읽어 나가기 시작했다.

> **'김경록이 KBS와 인터뷰 함.'**
> **'조국이 김경록 집으로 쫓아와서 뭔가를 했다는 취지.'**

그리고 그 내용을 메모했다. 이때 뭔가 그 찝찝했던 예감이 현실로 다가왔음을 직감했다. 그래도 여기까지는 이성을 찾고 있었다. 'KBS 보도'는 그렇다치고 '조국이 쫓아왔다'는 뭐지? 그때 불현듯 KBS에서 최성해 총장이 조국 교수에 양복 맞춰 주러 집까지 쫓아왔다는 이야기를 한 것이 떠올랐다. 그런데 어떤 곳에서 배달 사고가 났는지 문장들이 조금씩 어긋나 있었다.

'아, 이거 KBS와 뭔가 있구나. 당했구나.'

이런 생각을 하면서도 아무 일 없다는 듯 태연하게 조사를 받고 있는데 곽OO 검사가 별일 아니라는 듯 고개를 뒤로 젖히면서 "혹시 어디서 인터뷰 했어요?"라고 물었다. 나는 애써 놀란 척을 하면서 바로 대답했다.

"어, 어떻게 아셨어요? KBS에 아는 선배 기자가 있어서 인터뷰했습니다."

"아까 휴게실에 나갔는데 직원들이 뉴스를 보고 있더라고요."

거짓말이다. 곽○○ 검사 입장에서는 갇혀 있는 내가 아무 것도 모를 것이라고 판단한 모양이다. 여기서 잠깐, 검사들의 또 다른 특징은 아주 중요한 것을 물을 때 관심이 없다는 듯이 하면서 툭 던진다는 것이다. 하여간 또 조사는 계속되었지만 인터뷰 내용에 대해서는 전혀 묻지 않았다.

내가 KBS 인터뷰 한 것을 아는 것과 조국 쫓아왔네에서는 그래도 이성을 유지할 수 있었는데, 그 인터뷰 내용을 묻지 않는다는 것에 확신할 수 있었다.

'이미 다 아는구나…'

그래서 쉬는 시간에 주니어 변호사의 핸드폰을 빌려서 선배 변호사에게 흥분해서 전화했다.

"KBS 법조팀장한테 꼭 얘기해요. 내 인터뷰 절대로 내보내지 말라고, 혹시 인터뷰 나가게 되면 진짜 KBS 법조팀장 어떻게 해버릴 거예요."

"진정해, 걔네들이 너한테 미끼 던지는 거야?"

"난 모르겠고, 여기서 나 미치는 꼴 보고 싶지 않으면 전화해서 인터뷰 못 나가게 해요."

이렇게 해서 주니어 변호사를 통해 '변호사가 KBS 법조팀장과 전화를 했고, KBS 법조팀장이 안 내보내겠다는 답을 받았다면서 이제 집중해서 조사 받아라'는 피드백을 확인했다.

아니 그렇게 상식을 좋아하는 분들이 아무리 배달 사고라지만, 조국 교수가 우리집을 어떻게 알아서 쫓아오고, 나한테 올 이유가 뭐가 있다고 그걸 그렇게 전달해. 머릿속에 조국 교수와 나를 어떻게 엮을까만 생각하니 이런 말도 안 되는 사고가 일어났겠지.

*

정부가 대학에 재정 지원을 하는 무슨 특성화 사업인가에 동양대가 조건이 미달되어서 떨어질 것 같다고, 최성해 총장이 정경심 교수에게 조국 교수한테 잘 얘기해서 좀 되게 해달라는 부탁을 한 적이 있다. 정경심 교수가 나한테 얘기해주길, 그냥 알겠다고 하고 자기 선에서 끊었다고 했다. 근데 어느 날인가 또 정경심 교수가 영주시의 무슨 산업단지 짓는 사업 제안서를 최성해 총장이 보내서 조국 교수에게 전달 좀 해달라고 했는데, 정경심 교수가 어떻게 했으면 좋겠냐며 사업 제안서를 나한테 보낸 적이 있다. 보니까 내용도 모르겠고 사업도 구체적이지도 않고 뭐 그랬던 것 같다.

그래서 내가 오히려 물었다.

"조국 교수에게 얘기하면 뭐라 그러실 것 같으세요?"

"자기 일 아니라고 하겠지."

　나도 그럴 것 같다고, 그냥 중간에서 잘 견디는 수밖에 없을 것 같다는 대화를 나눴다. 민정수석이 정확하게 뭘 하는 사람인지는 나도 모르지만, 최성해 총장은 더 모르는 것 같다. 아니면 그냥 높은 자리에만 있으면 다 할 수 있다고 생각했는지, 아니면 예전에는 실제로 다 되었는지는 몰라도 무슨 일만 있으면 무조건적으로 부탁하고, 부탁했다. 이런 많은 부탁과 청탁을 단 한 번도 들어주지 않은 조국 교수에게 최성해 총장은 어떤 감정을 갖고 있었을까? 증권회사 직원인 내 경우에 비추어서, 어떤 주식이 잘 될 거라고 생각해 수년간 투자를 했는데, 결국 기대와 다르게 큰 손실이 났을 때의 심정과 비슷하지는 않았을까?

이름 석 자를 뼈에 새기다

'3차장, 나에 대해 잘 얘기해 준다고 함'

KBS 인터뷰와 1차 피의자 조사를 마치고 집에 와서 아까했던 메모를 다시 살펴봤다. KBS 법조팀장이 인터뷰 성사를 위해 가장 많이 사용한 단어가 '3차장'이다. 인터뷰에서도, 검찰 조사에서도, 서로 내통을 했다는 의심이 들었던 터라, 결국 KBS 법조팀장이 말한 3차장이 이 모든 것을 그린 사람이라는 가정을 세웠다.

검색을 하고 언론기사에 나온 것을 찾아보니 현재의 3차장은 송○○이고 이전 3차장은 한동훈이었다. KBS 법조팀장의 말을 떠올리다 '반부패~' 뭐 이런 단어가 스쳐서 다시 검색을 하기 시작했다. 전 3차장이었던 한동훈은 현재 대검찰청 반부패강력부장이다. 여론의 기사들을 종합적으로 보니 한동훈이라는 확신이 들었다. 스펙도 어마어마하고 아주 잘 나가는 사람이라는 것 같기도 하고….

하지만 쉽사리 저 이름을 꺼냈다가는 분위기상 반격을 당할 것 같아, 그 이름을 바로 밝히지는 못하고 현 3차장인 송○○부터 언급하기 시작했다. KBS 왜곡보도와 관련된 상황들을 방송통신심의위원회에 신고하고 '미디어 오늘'이라는 언론사에 제보를 했다. 미디어 오늘은 언론을 감시하는 성격의 언론사다. 미디어 오늘에는 KBS 법조팀장이 언급한 인물이 현 3차장 검사인 송○○라는 기사와 KBS 관련 기사들이 실렸다.

이 기사에 KBS 법조팀장이 해당 언론사에 '송○○랑 일면식도 없고 나는 그렇게 내통한 적도 없고 기사를 내리지 않으면 나 어떻게 될지 모른다'는 연락이 온 것을 캡처해서 담당기자가 나에게 보내줬다. 그로써 KBS 법조팀장이 말한 3차장이 누구인지 확실해졌다. 그 이후에도 방송통신심의위원회에서 KBS 법조팀장은 송○○ 차장과 일면식이 없다고 말했으며, 대검 감찰에서도 송○○ 차장은 그런 적 없다는 취지로 나에게 알려 왔다.

여러 정황상 이 사람이라고 결론을 내렸다.

조국 교수 수사에 대한 가치 판단은 이번 시대에 내려질 수 없다고 생각한다. 검사들을 만날 때마다 들었던 이야기가 하나 있다. 본인들 인생을 걸고 시작한 수사라고. 이 수사가 끝나면 본인들도 어떻게 될지 모른다는 이야기들을 했다. 이 말은 검사 본인이 살기 위해 어떻게든 조국 교수를 범죄자로 만들어야 한다는 반증이기도 했다.

나는 근원적인 질문을 할 수밖에 없었다. 도대체 왜 그래야 하는데? 이 유능한 검사들이 그리고 내가, 조국이, 국민들이 왜 여기에 이렇게 에너지를 쏟아야 하는지가.

그리고 그 상황에서 피해를 보는 사람들이 생기고 하는 그 근원적인 질문이 여전히 해소되지 않았다. 그 이유를 결코 내가 밝혀낼 수는 없으리라 생각한다.

칼이 날카롭다고 해서 그 칼을 욕할 수는 없다. 칼을 누가, 어떻게 쥐고 흔드는지를 봐야지. 그래서 시간이 흐르면 흐를수록 한동훈, 이 이름 석자는 내 뼈에 점차 선명하게 새겨지고 있었다.

KBS 인터뷰는 내가 피의자 조사 받을 때까지도 방송되지 않았고, 다음 날이 되어서야 내가 말한 반대의 의미로 짜깁기 되어 나왔다. 전날 이미 '당했다'고 생각했기에 오히려 이런 뉴스가 나왔다는 사실에 무덤덤했다. 헤드라인만 봤을 뿐, 더 이상은 차마 볼 용기가 나지 않았다. 왜곡된 뉴스는 시간이 한참 흐른 뒤에야 볼 수 있었고, 이 글을 쓰고 있는 현재까지도 변함없이 그대로 노출되어 있다.

가장 중요하고 유일한 인터뷰의 전제 조건이 '조국 교수는 펀드를 모른다'였지만, 그렇게 인터뷰가 왜곡되어 '모른다'가 '안다'로 둔갑했다. 왜 이런 일들이 벌어졌는지 아직까지도 모르겠다. 명절 이틀 전에 방송되어야 여론을 조성할 수 있다는 이야기를 했던, 인터뷰 끝나고 조국 교수가 펀드는 정말 몰랐다고 박수를 쳤던 KBS 법조팀장만이 그 진실을 알 뿐이다. 하루 연기되고 나온 정반대의 뉴스. 아직도 난 희망한다. KBS 법조팀장이 그럴 수밖에 없었던 이유를, 그 진실을 세상에 밝히기를….

*

최성해 총장의 조국 교수에 대한 일방적인 구애는 몇 년간 계속되었다. 딸을 며느리 삼고 싶다고 그렇게 정경심 교수를 괴롭혀서 끝끝내 자신의 아들과 조국 교수의 딸을 만나게 하지를 않나, 노래방에서 직원들 회식하는데 와서 정경심 교수 생일 축하한다고 케이크를 건네지 않나, 아이들이 음료수 좋아하는 것을 알고 집으로 보내지 않나, 하여간 그것 때문에 정경심 교수는 엄청난 스트레스를 받았다. 나와 하는 이야기의 70% 정도는 동양대에 관한 것이었고 그중 3분의 2는 바로 최성해 총장에 대한 것이었다. 그 끝없는 청탁과 부탁을 모두 거절한 그들이다.

한 남자의 아내로, 두 아이의 어머니로 대학교수로 성실히 살아온 정경심 교수의 삶을 이렇게 송두리째 빼앗아 가는 것은 정말 부당하다.

누군가는 찔기고 찢기고

내가 세상에 알리고자 하는 문장은 딱 하나였다.

'조국 교수는 펀드를 정말 모른다.'

검찰에서도 KBS에서도 계속 이 이야기를 하는데, 전혀 세상에 알려지지 않는 것이 답답했다. 내가 하지도 않은 말은 세상에 계속 퍼져 가는데, 정작 하고 싶은 말은 세상에 알릴 방도가 없었다.

언론 기사는 잘 안 봤지만, 「빨간아재」와 「김어준의 뉴스공장」을 통해서 외부에서 일어나는 일과 지금의 상황을 밤마다 계속 공부를 했다. 내가 마지막으로 무엇을 할 수 있는지에 대한 대답을 찾고 있었다.

그러던 와중에 우연치 않게 도올 김용옥 교수의 강의를

영상으로 접했다.

> **예수를 믿더라도 사람이 돼서 예수를 믿어야 한다. 이념에 사로잡히지 말고 내가 중심이 되어서, 순수한 마음으로 밀고 나가면 결국 집단이성이, 절대정신이 올바른 길로 나를 인도한다. 결국 우리는 하나님 같은 존재에 연극하는 하나의 주체일 뿐이고, 내가 중심이 되어서 가게 되면 모든 것들은 자연스럽게 조화롭게 각자의 자리에 위치하게 된다.**

헤겔의 절대정신, 이성 이런 단어들이 나오는 강의였는데, 철학에 문외한이어서 내가 잘 해석했는지는 모르겠다. 하지만 도올의 강의가 내게는 너무나도 강렬하게 다가왔다. 지금까지 나의 가장 큰 고민은 내가 하려는 그 무엇이 과연 조국 교수에게 어떠한 영향을 미칠까 하는 의문이었다. 그 누구한테도 물어볼 길이 없었고, 조국, 정경심 교수조차 그 답을 내려줄 수 없다고 생각했다. 하지만 나는 해야 할 말이 있는데…. 그런 나에게 도올 교수가 답을 준 것은 아닌지. 내가 중심이 되어서 무엇을 한다면 모든 것들이 조화롭게 배치되고 정상적으로 자리를 잡을 것이라는 생각으로…. 사실 말은 거창하지만 복잡하게 생각하지 말고, 내가 하고 싶은 걸 하자고 결심했다.

내 이야기를 듣고 말해 줄 누군가를 찾기 시작했다. 언론은 고려의 대상이 아니었고, 자신의 이야기를 누구의 눈치도 보지 않고 말하는 사람이 필요했다.

빨간아재는 당시 영향력이 다소 부족해서 내 얘기를 많은 사람에게 전달하기는 어려워 보였다. 빨간아재는 그때만 해도 구독자가 4만 정도밖에 되지 않았다. 조국, 정경심 교수에 대해서 내가 얘기한 부분을 가장 사실에 입각해서 이야기하는 사람이 바로 빨간아재였다. 그래서 조사 들어가기 전에 그 영상을 보면서 조사를 대비하기도 했고 돌아가는 상황을 공부하기도 했다. 빨간아재는 객관적으로 사실 관계에 입각해서 사안을 설명하는 능력이 아주 탁월했다. 이때는 아니지만 그래서 시간이 지나고 빨간아재에게 직접 이메일을 썼다.

'제가 힘든 시기에 방송을 보면서 공부하고 재판받고 해서 감사드립니다.'

그렇게 해서 빨간아재는 유일하게 얘기하고 소통하는 창구가 되었다. 지금 빨간아재는 구독자가 약 40만 명이 되어 있었다. 4만에서 40만. 말로만 참 언론, 참 기자라고 외치지 말고 빨간아재를 보면서 그 성장 원인을 분석하는 노력들이 필요한 것은 아닐지.

하여간 당시에는 영향력의 문제로 빨간아재 다음으로 김어준을 생각했다. 김어준의 경우에는 이미 사모펀드에 대해서는 많은 부분을 파악하고 있었는데, 뭔가 그 자리에 계속 맴도는 느낌이 들었다. 그만큼 많이 알고 있으면 이제 별건 수사가 진행될 것이라고, 별건 수사는 어떤 것들이 있을 것 같다고. 사람들에게 경고도 하고 알려야 할 것 같은데 그러지를 못하고 있었다. 김어준 본인도 검찰 조사를 많이 받아 봤기에, 조국 교수의 문제를 어떻게든 세상에 알려서 그런 일이 벌어지지 않게 해줄 줄 알았다. 그런데 기다리고 기다려도 진도가 나가지 않고 있었다. 타이밍을 누구보다 잘 알 텐데, 왜 그 자리에만 머물러 있는 거지. 아, 나와 같은 간절함이 부족한 것인가라는 판단에 다른 사람을 찾기로 했다. 참고로 훗날 유시민 이사장을 만나서 비슷한 이야기를 했는데, 그는 이렇게 표현했다.

"김어준은 되게 신기한 사람입니다. 한번 만나 볼 만한 사람이에요. 특이하고 대단한 사람이죠."

누구에게 알릴 것인가? 마땅한 사람이 떠오르지 않아 역으로 조선일보와 강용석에게 가려고 했다. 분명 임팩트 있는 무언가를 세상에 내놓을 것이라고 판단했다. 물론 내 얘기와는 정반대의 이야기로 발췌, 인용해서…. 인터뷰 과정을 몰래 녹음해서, 왜곡된 기사나 방송이 나가면 녹음한 인터뷰를 세상에 공개해서 반격하겠다는 전략이었지만, 위험요소도 변수도 많았다. 내 의도대로 된다는 보장도 없고, 다시 나의 얘기는 묻힌 채, 왜곡된 이야기로만 세상에 가득 찰 수 있다는 생각에 이런 방법도 단념했다.

그러면 똑똑한 사람을 만나자는 생각으로, 유시민 이사장을 만나기로 결심했다. 인터뷰가 안 된다고 하면, 나는 도대체 어떻게 해야 하는지에 대한 조언이라도 들으려고 했다. 검색을 통해 유시민 이사장의 메일 주소를 찾았고, 메일을 보냈다. 하루인가 이틀인가 지나서 만나자는 메일이 왔다.

방배동 버스정류장에서 만났는데 처음 보는 유시민 이사장의 표정은 기대와는 달랐다.

'이 검찰 첩자가 왜 나를 만나러 왔지? 무슨 꿍꿍이지?'

이렇게 경계심과 의심이 가득한 표정으로 나를 쳐다봤다. 몇 마디 나누는데 유시민 이사장이 여기서 이러지 말고 자신의 집으로 가자고 했다. 훗날 유시민 이사장은 내 눈빛에 진심이 느껴졌다고 말했다. 한 세 시간 정도 인터뷰를 했다. 내 얘기에 분노도 하면서…. 유시민 이사장이 모든 것을 본

인에게 위임해 줄 수 있냐라고 해서 알겠다고 했다. 이날은
10월 3일이다.

　유시민 이사장이 알릴레오 방송이 10월 8일에 나가며 10
월 7일 오전 10시에 예고편이 나간다고 알려 왔다. 그런데
10월 7일 아침 7시 30분경 곽○○ 검사로부터 한 통의 전화
를 받는다.

　"김경록 씨, 혹시 유시민 씨 만나서 인터뷰 했습니까?"

　"어, 그걸 어떻게 아셨어요?"

　"우리가 그런 거 하는 사람들 아닙니까? 지금 김경록 씨
그런 거 인터뷰하고 그럴 때 아니에요."

　"아니, 난 한 달 동안 열심히 조사받았고 꼭 해야 될 얘기
가 있어서 인터뷰를 한 거예요. 제 혐의에 대해서 부인하고
뭐 그런 것은 아니에요."

　"네 일단 알겠습니다."

　그렇게 전화를 끊었다. 도대체 내가 유시민 이사장하고 인
터뷰를 한 건 어떻게 알았는지, 그리고 KBS 인터뷰 하고 나
서는 그냥 아무 일 없었던 것처럼 '인터뷰 했어요?'라고 편
하게 물어본 사람이, 왜 지금은 이렇게 다급하게 난리를 치
는지 도무지 알 수 없었다. KBS는 되고 유시민 이사장은 안

되는 뭐가 있는 걸까? 이런저런 생각을 하던 중에 다시 전화가 왔다.

"김경록 씨 그거 방송을 못 나가게 해야겠습니다. 지금 그게 외부에 노출이 되고 그러면 안 되는 상황이에요."

"그 방송 권한은 나에게 없습니다. 난 인터뷰를 했고 그 방송을 못 나가게 하려면 유시민 이사장에게 전화를 해야지, 왜 나한테 하십니까? 내가 어떻게 방송을 못 나가게 합니까?"

"네, 그러면 일단 알겠습니다."

KBS와의 인터뷰는 방송에는 못 내보내게 하려고 내가 욕까지 써서 통화를 했음에도, 결국 이상한 편집으로 방송이 됐건만, 이건 오히려 검찰이 나서서 방송을 막으려고 난리도 아니다. 곽○○ 검사도 인간적으로 난감했을 거 같다. 위에서는 난리 치지, 어떻게는 해야겠지 그러다 보니 본인이 KBS 인터뷰 때와는 상반된 태도를 보일 수밖에. 참 이래서 직장생활은 어려운 거다. 그래도 한 달 동안, 어떤 의미에서는 가깝게 지낸 사이인데 조금은 안쓰럽다는 생각이 들었다.

기본적으로 조사는 말단 검사가 진행하지만, 무언가 연결고리가 조금이라도 발견되면 부부장 검사급에서 조사를 이어받는다. 말단 검사는 아주 잘 알고 있을 것이다. 나와 조국 교수를 엮을 무언가가 없다는 것을 말이다. 하지만 그들은 상부가 원하는 답을 가지고 가야 했을 것이다. 그러기 위해 끊임없는 반복되는 조사를 통해 참도 거짓도 아닌 이상한 조서를 만들 수밖에 없었을 것이다. 말이 안 되는 사실을 누구보다 본인이 더 잘 알고 있지는 않은지….

그럼 이들을 이렇게 만든 강력한 동기는 무엇일까? 진실을 찾는 것은 절대 아닌데, 그럼 이렇게까지 억지로 말을 만들면서까지 조국 교수를 엮으려 하는 것은 무엇 때문인지 한번 생각해 본 적이 있다. 이들에게 강력한 동기는 국민에 대한 충성심도 국가에 대한 희생도 아닌 권력과 돈이라는 생각을 했다. 지금의 월급은 비록 적지만, 이 조직에 충성하는 길이 어떠한 결과로 이어질지 분명히 알고 있는 듯했다. 누군가는 정치권으로 나가고, 누군가는 퇴임 후 전관으로 수십 억의 돈을 버는 그 미래는 이 조직에 충성하는 자만이 가질 수 있는 특권이다. 그래서 그 전관예우를 끊겠다고 천명한 조국 교수를 어떻게든 막아야 하는 것은 아니었을까? 내가 만난 검사들은 이상하리 만치 조국 교수에 분노하고 있었다.

"김경록 씨, 그러면 그거 인터뷰 녹음하고 뭐 그런 전문

가지고 있어요?"

"난 그런 거 없어요."

다음 날 10월 8일에는 한국투자증권에 대한 압수수색이 진행되고 난 검찰에 호출을 받아 조사를 받으러 갔다. 이미 책상에는 유시민 이사장과의 인터뷰 녹취록이 놓여 있었고, 거기에는 다양한 색상의 형광펜으로 색칠이 되어 있었다.

"유시민 씨하고 왜 인터뷰를 하신 겁니까?"

"어, 잘못했습니다. 죄송합니다."

한숨을 쉬면서 이렇게 말을 했다.

KBS와의 인터뷰에는 지나가는 말로 인터뷰 했는지를 슬쩍 물어보고 그 내용에 대해서는 일체 묻지도 않더니, 알릴레오 인터뷰 때는 이 난리를 치고 인터뷰 내용에 대해서 꼬치꼬치 따져 물었다. KBS와 알릴레오 인터뷰, 검사가 보인 극명한 차이는 어떤 것을 의미하는 것일까?

자산관리인 "정경심도 증거인멸 부인 못할 것"…
유시민 '편집 방송'에 "인터뷰 후회"

내가 이 언론사와 인터뷰를 한 것도 아니고, 검사한테 한숨 쉬며 얘기한 것이 저런 실시간 기사로 나왔다. 검찰은 계속 부인한다, 본인이 흘린 게 아니라고. 알릴레오에 대한 조사가 계속 되다가, 갑자기 오늘은 조사가 아니라 그냥 비공식 면담하러 온 걸로 하자면서 보내 줬다. 아니 이 사람들이 평소답지 않게 나를 이렇게 순순히 이 시간에 보내 주다니…. 알고 보니 정치권에서 항의가 있었던 모양이다. 정치권과 언론에 민감한 이들의 생리상 이 건으로 공격을 당해 본인들의 시나리오에 흠집이 날까 봐 부랴부랴 나를 보냈던 것 같다.

비공식 면담이라…. 피의자 조사 2회에 내 조사는 사실상 끝이 났다고 생각했다. 당신의 행위가 증거은닉이라고 해서 그럼 난 증거은닉한 것이 맞다고 인정했고, 모든 것을 사실대로 진술했기에 더 이상 이야기할 것도 없었다. 하지만 나는 특수부에서 15회가 넘는 조사를 받았고, 그중에는 비공식 면담 형태도 여러 번 있었다. 15회 이상의 150시간의 조사, 그것은 무엇을 의미하는 것일까?

난 검찰에서도 KBS에서도 알릴레오에서도 똑같은 이야기를 했다. 다르게 말한 것은 없다. 근데 내 이야기를 그대로 얘기한 곳은 알릴레오뿐이었다. 다른 곳에서는 진실이 중요하지 않다. 내가 무엇을 말하든 본인들이 어딘가에 활용할 그 '무엇'만이 중요했다. 여전히 내 핸드폰에는 내 억울함을 풀어 주겠다는 수백 통의 기자들의 문자가 쌓여 있다.

'어딘가에….'

특히나 알릴레오는, KBS와 비교되어 내게 많은 이야기를 건네고 있었다. 사실 KBS에 대한 믿음, 정확히 말하면 20년 지기 선배의 믿음이 유시민 이사장보다 훨씬 컸다. 실제로 나의 믿음을 지켜 준 사람은 유시민 이사장이다. 반대로 생각하면 유시민 이사장은 도대체 어떻게 믿고 그렇게 신뢰했을까? 내가 악의적인 의도를 가지고 거짓말을 했다면 유시민 이사장은 난처한 상황에 빠졌을 텐데, 전혀 알지도 못하는 사람의 말을 전적으로 믿고 방송에 내보낸다는 것은 쉬운 일이 아니었을 텐데 말이다.

유시민 이사장은 KBS 법조팀장처럼 거대한 시스템에 갇혀 있는 사람이 아니었다. KBS만의 문제도 KBS 법조팀장의 문제도 아니다. 그 시스템 안에서 맞물려 돌아가는 톱니바퀴의 역할이기에 그 톱니바퀴는 다른 생각을 할 수 없다. 그 톱니바퀴에 누군가는 찢기고 찢기고 다치고 죽어 간다는 사실을 모르고 아니 알면서도….

처음 만났을 때의 그 의심의 눈빛은 아직도 기억에 생생하다. 유시민 이사장과 다른 기자들의 또 다른 차이는 경청하는 자세였다. 억울함을 풀어 주겠다는 따위의 허세는 단한 번도 부린 적이 없었다. 내가 최대한 이야기할 수 있는 분위기를 만들고 정말 필요할 때만 질문을 하는 정도였다. 검찰 조사와 KBS 인터뷰에서는 느낄 수 없었던 상반된 분위기였다.

유시민 이사장이 처음 내게 보인 반응은 '분노'였다. 그다음은 부끄러움. 지금 이 시대는 이렇게 흘러가고 있는데, 자신은 뭐 예능이나 하러 다니고 맛있는 거나 먹고 집에서 편하게 있다는 사실에 대한 부끄러움이 있다고 했다. 지금 일어나는 상황에 자신이 관전만 하고 있다는 사실이 무척 부끄럽다고 말하는 모습이 오히려 매우 정의로워 보였다. 그리고 그 일이 있고 한참 후에 유시민 이사장이 채널 A 사건으로, 다시금 이슈화가 됐을 때, 직접 전화를 했다.

나의 사연에 주체를 못 하고 흥분하던 모습과는 다르게 자신의 일에는 무척 담담했다. 예전 운동권에 있던 많은 사람들도 자신의 일보다는 타인의 억울한 일에 많이 분노했던 것 같다. 그렇게 정의롭던 그 많던 운동권들은 다 어디 갔을까? 분명 그중에 많은 사람들이 지금 정치를 하고, 사회의 주요 자리에 서 있을 텐데, 왜 그들은 예전과는 다른 모습을 보이고 있는 것인지. 검찰 수사를 지켜보자는 사람, 재판 결과를 지켜보자는 사람. 과정이 불합리하다면 그 과정에 대해서 말을 해야지 뭘 계속 지켜보자고 하는지 모르겠다. 그렇게 지켜보려면 뭐 하러 그 시절에 데모하고 부모님 속 썩이고 그랬는지, 그냥 끝까지 지켜보기나 하지.

알릴레오 인터뷰가 방송되고 며칠이 지나서 유시민 이사장을 만난 적이 있다. 내가 인터뷰를 하게 된 계기는 도올 김용옥 교수의 강의 영상이었는데, 알릴레오와 인터뷰 한 다음 날에 비슷한 주제로 알릴레오에서 도올 김용옥 교수의 강연이 방영되었다고, 우연의 일치치고는 너무 신기하다는 주제로 먼저 얘기했다. 도올 교수는 정말 대단한 사람이라며, 우리가 생각하는 대로 그렇게 부끄럽지 않은 시민이 되면 되는 거라고 격려하면서, 정말 고생 많았다고 나를 안아 주었다.

아마도 이 모습을 언론에서 보았다면, 어떤 기사가 실렸을까? '사상교육이 이루어진 서울 한복판의 풍경, 빨갱이는 아직도 우리 주변에….'라고 생각하니, 그냥 쓴웃음이 나왔다. 그리고 나도 이런 어른이 되고 싶다는 생각을 했다.

*

　조국 교수를 몇 번 만난 적은 없다. 그래도 느낌을 이야기
하자면 너무 예의 바르고 외모도 반듯해서 인기는 많겠다
는 정도였다. 그리고 머리가 너무 좋을 거라는 생각에 같이
있기 좀 부담스러웠다. 마치 사양이 너무 좋은 차 옆에 있으
면 느끼는 뭐 그런 감정이다. 내가 조국 교수와 단둘이서 개
인적인 이야기를 한 것은 설렁탕 먹으면서 '섭섭하지 않으
세요?'라는 말을 건넨 순간이 처음이다. 그때 검찰은 검찰이
할 일을 할 뿐이라는 답을 듣고 좀 답답하기도 했다. 조국 교
수가 가진 원리원칙에 대한 신념은 성품에서 나온다기보다
는, 차가운 머리로 판단한 결과인 듯한 느낌이다. 원리원칙
을 지키는 것만큼 좋은 방법은 없다고…. 나도 겪은 바 있는
검찰과 언론의 편법적인 행태에 맞선 조국 교수의 원리원칙
은 보여지는 그대로이다.

용의 머리를 하고 뱀의 꼬리를 가진 자들

알릴레오의 인터뷰 녹취록 공개 이후 KBS가 인터뷰 녹취 내용 전부를 공개했다. KBS에 대한 비난 여론이 확산되자 KBS는 자체 독립기구인 보도위원회를 개최하고 점검팀을 두어 전 과정을 공정하게 조사했다고 한다. KBS 모든 구성원들로부터 독립된 권한을 보장받았다는 이 점검팀이 독립적인지 아닌지는 모르겠지만 적어도 논리적이거나 체계적이지는 않았던 것 같다. 이 점검팀은 당사자인 나에게 어떠한 확인 절차도 거치지 않았다. 인터뷰 왜곡 문제를 조사하는데 인터뷰를 한 나에게 그 사실 확인도 않고 내부적으로만 물어보고 쑥닥쑥닥해서 다음과 같은 결론을 냈다.

안녕하십니까 KBS 보도본부장입니다. KBS는 지난 9월 11일 9시 뉴스를 통해 한국투자증권 PB 김경록 차장 인터뷰를 담은 보도 두 건을 방송했습니다. 10일 유시민 노무현 재단 이사장은 유튜브 방송 알릴레오를 통해 관련 KBS 보도를 비판했고 이후 시청자 비판과 청원이 많이 제기됐습니다. 보도 책임자로서 이에 답변드립니다. 알릴레오 방송 이후 KBS는 자체 조사에 착수했습니다. KBS 방송편성 규약에서 정한 독립기구인 보도위원회를 개최해 자체 점검팀을 구성했고 3주 동안 취재 보도 전 과정을 조사했습니다. 점검팀은 경영진은 물론 KBS 모든 구성원들로부터 독립된 권한을 보장받았습니다. 이어 진실성 불편 부당성 객관성 취재 윤리 등을 최우선에 두고 인터뷰 녹취록 등 접근 가능한 모든 자료를 확인했습니다. 법조팀의 일선 기자부터 통합뉴스룸 국장까지 관련자를 모두 면담했고 KBS 공영미디어연구소와 법무실 자문을 받아 취재윤리와 법 위반 여부도 꼼꼼히 따졌습니다. KBS의 김경록 PB 인터뷰 보도는 몇 가지 문제가 있었다 점검팀은 이런 결론을 내렸습니다. 우선 김경록 PB가 인터뷰에 응한 취지와 보도 방향이 일치하지 않았습니다. 조국 전 법무부 장관과 정경심 교수에게 불리한 내용이 발췌됐습니다. 취재 과정에도 엄밀함이 부족했습니다. 법조팀은 조국 전 장관의 거짓 해명 가능성을 제기하기 위해 김경록 씨를 인터뷰했습니다. 그 목적에 지나치게 매몰돼 다른 가능성을 충분히 염두에 두지 못한 것입니다. 점검팀은 조사 결과를 방송법이 정한 시청자 권익기구인 KBS 시청자위원회에 과감 없이 보고했습니다. 시청자위는 관련 보도가 KBS 방송 제작 가이드라인에 위배된다고 지적했습니다. 다른 언론과 마찬가지로 검찰 발표나 정보에 의존하는 관행을 보였다고 비판하며 취재 보도 관행을 혁신하라고 권고했습니다. 물론 KBS 법조팀이 검찰과 내통했다는 의혹은 사실이 아닙니다. 점검팀도 시청자 위원회도 이를 분명히 확인했습니다. KBS는 관련 청원을 제기한 시청자 여러분의 지적 시청자위원회의 권고를 엄중하게 받아들입니다. 저널리즘의 기본인 취재윤리를 엄밀하게 준수하지 못한 데 대해 깊이 반성합니다. 뼈 아픈 내부 성찰 안에 이미 뉴스룸 주요 간부진을 교체했고 앵커도 바꿨습니다. 낡은 관행에서 벗어나기 위함입니다. 출입처 탈피 등 취재 시스템 혁신 의제와 맥락 중심의 제작 시스템 구축 방안을 마련하고 있습니다. 검찰 관련 보도는 무죄 추정의 원칙 아래 공판 중심 취재 방식으로 전환할 계획입니다. 취재 제작 과정의 투명

성과 뉴스에 설명 책임성도 강화하겠습니다. 공정성 불편 부당성을 기반으로 취재보도 준칙을 재정립해 구성원 모두가 지켜가도록 하겠습니다. 물론 시청자와의 소통과 참여도 더욱 늘리겠습니다. KBS는 이런 혁신을 통해 공영방송에 대한 사회적 요구와 디지털 시대 미디어 환경 변화에 부응하겠습니다. 정보의 홍수 속에 공영방송의 존재 이유를 지속해준 우리 공동체 발전에 필수적인 신뢰받는 공영 미디어로 거듭나겠습니다. 시청자 여러분의 지속적인 비판과 격려 부탁드립니다. 감사합니다.

11월 29일 아무도 보지 않는 KBS 유투브 채널에 공개된 보도국장의 사과 방송이다. 말만 그럴싸하지 나에게 연락조차 하지 않은 점검팀에서 제대로 된 조사가 이루어졌을 리가 없다. 이 시기에 내가 만난 사람은 점검팀이 아니라 KBS 법조팀장이었다.

"경록아 미안하다. 어쨌든 내가 지금 매우 곤란스러운 상황에 처해 있다. 나에 대한 원망이 많을 테니, 나는 그렇다 치더라도 내 밑에 있는 기자 두 명은 네가 좀 살려 줬으면 좋겠다. 그냥 오해였다고 얘기 좀 해줘."

"형 이게 지금 오해라고 얘기해서 풀 문제는 아니잖아요.

그러지 말고 왜 그럴 수밖에 없었는지 유시민 이사장과 만나서 같이 방송을 해서 진실을 알려요."

"그건 내 마음대로 할 수 있는 문제가 아니야. 내 선에서 안 되는 부분이 있어."

이런 대화를 한 시간 넘게 나누었다. 오해라고 얘기해 달라는 KBS 법조팀장에게 내가 오히려 알릴레오에 같이 나가자는 설득을 하고 있었다. 하여간 내 선에서 안 되는 부분이 뭔지도 모른 채 난 탄원서를 써줬다.

'관련된 기자들의 처벌을 원하지 않는다. 내가 원하는 바는, 이런 구조적인 문제와 시스템을 조사하고 그 문제들을 해결하는 것이지 직원들을 희생양으로 하여 이 문제를 그냥 넘어가자는 것이 아니다.'

이 탄원서와 KBS 언론 노조의 강력 대응으로 기자들은 해고를 면한 것으로 알고 있다. 2020년 2월 방송통신심의위원회에서 KBS는 최고 징계 수위인 '관계자 징계'를 받았다. 이에 KBS가 재심을 청구했고 4월에 '관계자 징계'에서 '주의'로 두 단계 낮은 처벌로 조정을 받는다. 이런 결정에는 내가 KBS에 써준 탄원서가 중요한 역할을 한 것으로 알고 있다. KBS 법조팀장 위의 성재호 사회부장은 인터뷰 왜곡이 있고 나서 10월 10일 사내 게시판을 통해 이상한 논리를 펼쳤다.

그는 방송통신심의위원회에서도 강력하게 주장했다. 김경록 PB가 탄원서를 썼고 문제가 없다는데 왜 이러는지 모르겠다는 태도다. 내가 탄원서를 써준 이유는, 기자들의 희생으로 입막음 할 것이 아니라 본질적인 문제를 찾아서 그걸 해결해야 한다는 취지였는데, 성재호 사회부장은 내가 써준 탄원서로 이 문제를 덮으려고 했다. 더 이상 이것에 대해서 하고 싶은 말은 없다. 그 넘을 수 없는 선이 무엇이었는지, 왜 이런 일이 벌어졌는지 언젠가는 밝혀지기만을 바랄 뿐이다.

내가 탄원서를 써준 이유는, 그들이 자신들이 속한 틀 안에서 충실하게 자기 역할을 하다 보니까 본인이 무슨 짓을 했는지 어떤 일을 벌였는지 정확하게 판단을 못 했다고 생각했기 때문이다. 방송통신심의위원회에서 떵떵거리며 소리를 치는 성재호 부장과는 달리 KBS 법조팀장은 죄인처럼 고개를 들지 못하고 있었다.

나의 2심 재판이 끝난 후의 어느 날이었다. 회사에서 대법원 판결까지 기다리는데 유죄 판결을 받으면 퇴사를 해야된다는 이야기를 듣고 마음이 착잡해서 여의도 공원을 걸었었다. 같은 이유에서 여의도 공원을 걷고 있었던 걸까? KBS 법조팀장을 우연히 만났었다. 현재 내근직을 하고 있다고 말했다. 기자의 내근직 발령은 퇴사와도 같은 느낌일 것이다.

"경록아, 정말 미안하게 됐다. 정말 미안하다."

어쩌다 우리는 이렇게 되었을까? 무엇이 우리를 이렇게 만들었을까?

*

조국 교수가 법무부장관 후보가 된 후에 딸 방에 있는 정경심 교수와 허심탄회하게 얘기를 나눈 적이 있었다. 난 자존감이 높은 정경심 교수 입장에서 가장 힘든 게 무엇일까라는 생각에 이렇게 얘기했다.

"조범동한테 사기당하고 멍청한 여자로 세상에 알려지는 게 제일 두렵지 않으세요, 교수님?"

정경심 교수는 고개를 끄덕이면서, 남편이 유명해지고 법무부장관이 되면 정치적으로 이런 일에 휘말릴 것을 예상하고 있었다고 말했다. 그래도 남편이 하는 일을 존중하고 남편을 선택한 것도 본인이기 때문에 이 상황에 대해서 후회를 하고 걱정을 하는 것은 자신에게 부끄러운 일이 된다며 말을 끝냈다. 그리고 거실에 있는 TV에 조국 교수가 아침에 가방을 메고 청문회 사무실로 출근하는 장면이 보였다. 화면이 조국 교수 얼굴을 클로즈업 하면서 기자의 질문에 답을 하는 장면이 보이자 정경심 교수는 힘없는 목소리로 혼잣말을 했다.

"얼굴이 많이 상했네. 마음 고생이 심하신가 보다."

난 그 얘기를 듣고 지금 조국 교수가 아니라 본인을 더 걱정해야 한다는 말을 하고 싶었다. 8월부터 오랜 시간을 정경심 교수와 함께 있었는데, 음식을 먹는 것을 본 적은 딱 한 번뿐이었다. 동양대에 내려가는 길, 휴게소에서의 우동 한 그릇이 전부인데 그것도 두 젓가락만 먹고 속이 부대낀다며 남겼었다. 거의 한 달 동안 정경심 교수는 몸무게가 10kg 정도가 빠진 상태였는데, 그 상황에서 남편을 걱정하고 있는 모습이, 나한테는 너무나 안타깝고 슬프게 느껴졌다. 그리고 위태로워 보였다.

정경심 교수와 조국 교수가 서로 직접 대화하는 것을 본 적은 거의 없지만, 통화하는 것은 자주 들었었다. 조국 교수와 통화할 때 정경심 교수는 마치 어른 대하듯 존댓말을 썼다. 한 번도 하대하거나 말을 낮춘 적이 없어서 난 조국 교수가 한참 나이가 많은 줄 알았다. 오히려 정경심 교수가 나이가 많다는 사실은 나중에야 알았다.

정경심 교수는 자신이 선택한 남편인 조국 교수에 대한

존중과 존경심을 표현하는 방식으로 자신의 자존감을 높이
는 사람이었다.

150시간의 특수부 조사를 끝내는 방법

2019년 9월 9일 조국 교수는 법무부장관에 임명되었고 그날 '사모펀드 혐의'로 관련사 대표 2명에게 구속영장이 청구되었다. 난 무언가를 말하기 위해 KBS와 인터뷰를 했고, 알릴레오와 인터뷰를 했다. 이제 내가 말하려고 했던 말은 다 했다고 생각했다. "조국 교수는 펀드를 알지 못한다." 이게 그렇게 어려웠던 말이었나. 지난 두 달간 검찰과 언론의 조리돌림도 너무 괴로웠으며, 조국, 정경심 교수에게 배신자가 되었다는 것을 견디는 일도 너무 힘들었다. 검찰 조사가 끝나고 난 이후의 긴장감과 나 자신에 대한 부끄러움으로 정상적인 상태를 유지하기가 힘들었다. 다음 날 어떤 기사가 도대체 나올 것이며, 세상은 나에 대해 뭐라고 하고 있을지,

검찰이 내 일거수일투족을 감시하고 있을 것만 같다는 생각이 나를 지배했다. 조사가 끝나면 이사를 간 어머니와 함께 사는 집에 가지 못하고 여관, 호텔과 재개발이 결정되어 사람이 아무도 없는 동네의 예전 집 빈방에서 숨어 살았다. 무엇보다 이렇게 버텨 봤자, 결국은 조국, 정경심 교수를 내가 방해할 것이라는 생각에 난 너무 힘들고 괴로웠다. 첫 피의자 신분 참고인 조사에서 느꼈던 그 두려움은 시간이 지나도 없어지지 않았고, 오히려 크게 변하지 않는 상황에 그 두려움만 더 커지기 시작했다.

정말로 이 모든 것에서 벗어나는 방법은 죽음밖에 없어 보였다. 검찰과 언론의 도구로 전락했다는 수치심, 부끄러움, 미안함. 내가 소중하게 생각하는 사람과 그 가족의 인생을 망치는 도구가 되어 버린 내 자신을 더 이상 견딜 수가 없었다.

주변 정리를 하면서도 가장 걱정되었던 것은 역시 어머니였다. 당장 내가 죽고 나면, 집 주변으로 몰려들 기자들에 둘러싸일 어머니를 생각하면…. 그래서 내가 마지막으로 할 일은 은평구의 박주민 국회의원을 만나 부탁하는 거였다. 그 사람이라면 잠시나마 어머니의 방패막이 되어 줄 것이라 생각했다. 10월 12일 박주민 국회의원이 지역주민을 위한 민원실을 열었다. 사전에 박주민 의원 사무실에 민원이 있다고 신청을 했고, 민원실이 있는 은평구청 앞 동사무소 2층으로 갔다. 민원실은 강당이었고 여러 사람들이 줄을 서서 한 명씩 그 앞에 가서 민원을 이야기하는 형태로, 문제는 너무 공개된 장소인 데다 주변에 말 소리가 너무 잘 들렸다. 내가 생각하는 민원실의 모습이 아니어서 그 앞에서 머뭇거리는데 박주민 의원 보좌관이 나한테 전화가 와서 혹시 왔냐고 물어봤다. 내가 올 걸 알고 있다는 생각에 다시 희망을 걸고 강당 안 대기석 의자에 앉았다. 어떻게든 박주민 의원과 눈을 마주칠려고 애썼고 내 차례가 되어 박주민 의원 앞에 앉았다.

내 이름을 말하니 나를 알아보는 눈치이기도 하고, 주변 분위기상 말하고자 하는 얘기를 할 수도 없고 해서 그냥 다른 민원을 얘기했다. 은평구에 리어카를 끌고 폐지를 줍는 어르신들이 많은데 그 분들이 너무 위험해서 대책을 세워 줬으면 좋겠다는 말을 하면서, 눈빛으로는 나 좀 도와 달라고, 나를 살려 달라는 얘기를 하고 있었다. 막상 어머니를 부탁하러 간 자리에 그 말은 하지 못했다. 나를 도와 달라고 말하는 눈빛을 박주민 의원이 눈치챘는지도 모르겠다. 그리고 정확히 내 눈빛이 어머니를 부탁한 거였는지, 나 이곳에서

너무 힘드니 제발 살려 달라고, 죽고 싶지 않으니 제발 여기
서 살 수 있게 도와 달라고 외쳤는지, 그 정확한 마음을 나도
모르겠다.

　유서는 이전에 작성 아니 녹음을 해둔 상태였다. 유서조차
도 검찰에 뺏길까 봐, 빈집에서 핸드폰이 아닌 다른 녹음기
를 이용했다. 그 녹음된 유서 내용을 힘들게 2년 만에 다시
꺼내 들었다. 중간에 감정이 격앙되고 울먹거림이 섞여 나조
차도 잘 알아들을 수 없는 부분도 있어 그 부분은 중략 처리
했다.

유서

저는 조국 교수를 알지 못합니다.

조국 교수는 그냥 제가 오랫동안 모셨던 고객의 남편일 뿐입니다. 그런데 이 사람들은 저를 이용해 그렇게 그 사람에게까지 넘어가려고 하고 있습니다. 정겸심 교수는 저의 오래된 고객이자 친구이자 동료였습니다. 그리고 조O 조O은 제가 무척 좋아하고 아끼는 동생들입니다.

제가 잘 알지도 못하는 조국 교수라는 사람이 제가 잘 알지도 못하는 그 무엇인가를 시작했다는 이유로 내 인생은 물론 내 소중한 고객이자 친구인 정경심 교수와 그의 자녀들 인생까지도 망치려 하고 있습니다. 정경심 교수는 이미 흉악한 범죄자가 됐으며 O이 O이 인생도 그렇게 순탄해 보이지 않습니다. 저는 그냥 도살장 소마냥 여기저기 끌려다니고 있는 처지입니다. 이제 마지막 남은 것이라곤 조국 교수가 하겠다고 시작한 그 일을 끝까지 마치는 것 그거 하나 뿐이라는 생각입니다. 하지만 이들은 그 마지막 남은 하나까지도 용인하려 하지 않습니다. 내 인생이 무너져 내려가는 것을 지켜보는 것도 힘든 일이지만 내가 누군가의 인생을 망칠 수도 있다는 두려움은 제가 지금까지 경험해 보지 못한 고통으로 다가 왔습니다. 하지만 도저히 제 힘으로 제 자신을 지킬 수도 이 고통에서 벗어날 수도 없어 보입니다. 제 죽음이 조국 교수를 더 힘들게 할지도 모르겠지만 그렇게 지금까지 용감하게 해 오셨듯 끝까지 가시던 길을 가시길 부탁드립니다. 그리고 혹시 나중에라도 가끔 저희 어머니 손이라도…(중략) 제 죽음이 어떤 결과로 이어질지 알 수 없습니다. 하지만 제 죽음에 분노하고 슬퍼하는 그 누구라면 저의 이 마음을 꼭 살펴봐 주시길 부탁 드리고 부탁 드리겠습니다..

어머니… 우리 사형제를 키우시느라 누구보다 힘들게 사셨지만 그래도 어머니는 무척 용감한 사람입니다. 이번 일이 어머니를 다시 힘들게 만들겠지만 그래도 지금까지 잘 견뎌오셨듯이 그렇게 앞으로도 잘하셔야 합니다. 동생들도 많고 하니 크게 걱정은 하지 않습니다. 며칠 전에 힘들지 않냐고 물어 보셨을 때 괜찮다는 말 한마디에 그냥 그렇게 믿어 주시던 어머니의 모습이 다시 생각납니다. 지금도 제가 드릴 수 있는 말씀은 괜찮다는 말입니다. 누군가를 위해서 누군가의 인생을 방해하지 않으려고 자신의 삶을 거는 것도 그렇게 나빠 보이지는 않습니다. 누굴 원망하지도 마

시고 누굴 그리워하지도 마세요. 저는 정말 괜찮습니다. 저
는 정말 괜…(중략)

박주민 의원님 며칠 전에 잠시 얼굴 뵀습니다. 아마 의원
님께 제가 트라우마가 될지도 모르겠습니다.. 그렇지만…
제 주위에 부탁할 사람이 의원님밖에는 남아 있지 않았습
니다. 제가 죽은 뒤 기자들로 둘러 쌓일 어머니가 걱정입
니다. 어머니가 슬퍼할 겨를도 주지 않을 그들이… 다정한
분이시니… 제 마음을 알아 주시리라 생각합니다. 죄송합
니다… 그리고 감사합니다.

하여간 박주민 의원이 나를 알아봤을 테니, 다음에 문자로
어머니를 부탁하면 될 거라고 생각을 했다.

그리고 며칠 후, 어머니를 보살펴 주던 친구로부터 어머니
몸에서 종양이 발견되었다는 소식을 전해 들었다. 순간 모든
것이 멈춰 버렸고, 아무 생각도 할 수 없었다. 진료 예약과
동시에 조국 법무부장관이 사퇴한다는 엠바고가 걸린 소식
이 카톡으로 들어왔다. 복잡한 심정에 그 자리에 앉아 펑펑
울기만 했다. 모든 것이 나 때문이라는 생각에. 어머니가 아
프신 것도, 조국 교수가 장관직을 사퇴한 것도….

나는 농구를 좋아하는 평범한 직장인이다. 2019년 8월 31일 토요일 아침에 전화가 왔다. 자료들을 좀 봐야 하는데, 동양대에 같이 가줄 수 있냐고 물었다. 정경심 교수를 혼자 가게 하면 무슨 일이 날 것만 같았다. 난 농구시합이 있어 오후 5시나 가능하다고 했다. 그래서 늦은 시각에 동양대에 갔고 내 차에 컴퓨터를 실었다. 그리고 검찰이 필요하다고 해서 컴퓨터를 들고 이인걸 변호사 사무실로 향했다.

……

그리고 난 일상을 잃어버렸다.

조국 법무부장관이 발표한
11가지 '신속추진 검찰개혁 과제'

국민의 인권을 최고의 가치로 삼는 검찰개혁을 제도화하기
위하여 힘을 다하겠습니다.

국민의 인권을 존중하고 절제된 검찰권을 행사하도록 잘못
된 수사관행을 바로 잡겠습니다.

심야조사를 원칙적으로 폐지하고 장시간 조사, 부당한 별
건수사를 금지하는 등 국민의 인권을 보호하겠습니다.

수사기록에 대한 피의자 등의 열람등사권을 확대하는 등
수사 절차에 관한 당사자의 알 권리, 변호인의 참여권을 강
화하겠습니다.

민생범죄에 집중하고 수사권 조정에 대비하는 검찰이 되도
록 직접수사를 축소하는 조직개편을 이루어 내겠습니다.

검찰이 스스로에게는 더 엄정하되 내부에서는 자유로운 의
견 개진과 수평적인 조직문화가 이루어지도록 법무부도 인
사 및 사무 분담의 시스템 개선 등에 관하여 적극 지원하겠
습니다. 법무부는 되돌릴 수 없는 검찰개혁을 위해 법제화,
제도화 추진 개혁을 세웠습니다.

그 첫 번째로 오늘 법무부는 검사장 전용 차량 폐지를 규정

한 검찰수사차량 운용규정과 검사의 내외 파견을 최소화하기 위한 위원회 설치를 규정한 검사파견심사위원회 지침을 제정, 시행합니다.

이번 검찰개혁에 관한 법제화의 첫 성과물입니다. 국민의 뜻을 담아낸 법무검찰개혁위원회의 권고와 대검찰청의 적극적인 개혁 방안 수용을 바탕으로 이루어졌습니다.

국민과 검찰, 법무부가 함께 검찰개혁의 제도화를 이룬 첫 사례라는 중요한 의미가 있습니다. 그러나 이는 작은 시작에 불과합니다.

법무부는 앞으로도 국민의 뜻을 받들어 검찰, 법무검찰개혁위원회와 적극 협력하여 신속하고 과감하게 검찰개혁을 완성해 나갈 것입니다.

오늘 신규 규정을 제정, 시행한 것과 같이 법무부는 이번 달에도 계속 신속하게 법제화 제도화를 이행해 나가겠습니다.

신속추진 과제로는 10월 이내로 법제화 제도화를 완성할 수 있는 검찰개혁 방안을 선정하였습니다.

검찰이 발표한 개혁방안을 포함하여 즉시 시행 가능하고 신속히 제도화가 필요한 부분을 이번 달부터 단계적으로 관련 규정을 재개정하는 등 과감한 검찰개혁을 속도감 있게 추진할 예정입니다.

신속추진과제 중 특히 검찰의 특수부 폐지 건의를 반영하여 서울중앙지검을 비롯한 3개의 거점청에만 특수부를 반부패수사부로 개편하여 필요 최소한도로 설치하는 내용 등으로 10월 중 검찰청 사무기구에 관한 규정 개정을 추진하겠습니다.

인권 중심의 절제된 검찰권 행사를 위해 잘못된 수사관행을 바로잡도록 심야조사 금지를 포함하여 장기간 조사 금지, 부당한 별건수사 금지, 수사 장기화 제한, 출석조사 최소화 등의 내용을 담은 인권보호 수사규칙을 10월 중 제정할 예정입니다.

현재 법무부 훈령인 인권보호수사준칙을 법무부령인 인권수사 보호규칙으로 격상하여 규범력을 높이고 검찰이 인권보호 수사규칙을 준수할 의무와 책임을 강화하겠습니다.

공개소환 금지를 포함하여 수사 과정에서의 인권침해를 방지하기 위해 형사사건 공개금지 등에 관한 규정도 10월 중 제정할 예정입니다. 법무검찰개혁위원회는 셀프 감찰 폐지 방안을 권고하였습니다.

국민께서 미진하고 부족하다고 생각하시는 검찰의 셀프 감찰 부분에 대해서는 1차 감찰이 완료된 사항에 대해 2차 감찰권을 적극 행사하여 1차 감찰의 부족함을 밝혀 내도록 하겠습니다.

개혁위원회의 권고대로 법무부가 직접 전국 검찰에 대해 실효적 감찰을 하려면 법무부 감찰관실을 어떻게 개편해야 되는지 논의, 검토하겠습니다.

폭넓은 의견 수렴과 상세한 검토가 필요한 검찰개혁 방안에 대해서는 연내 추진 과제로 선정하여 법제화, 제도화를 준비해 나가겠습니다.

법무검찰개혁위원회에서 어제 신속과제로 선정한 검찰개혁 방안들도 포함되어 있고 국민과 검찰 구성원들이 개진한 의견이나 정당, 국민권익위원회에서 제안한 내용들도 포함되어 있습니다.

일선에서 묵묵히 일하고 있는 검사, 검찰 직원들을 직접 만나뵙고 의견을 듣고 국민들께서 정성껏 적어 보내주신 다양한 의견들을 검토하고 있습니다.

견제와 균형을 위해 기반한 검찰 운영이 되도록 일선의 검찰 구성원들의 의견을 충분히 반영하여 인사제도 및 사건배당 시스템을 재정비하겠습니다.

관계기관과 협의하여 검찰 송무국을 신설하고 검찰에게 일부 위임된 국가송무 사무를 법무부로 환원하겠습니다.

검찰은 검찰 본연의 업무에 충실할 수 있는 조직으로 개편하고 법무부의 탈검찰화도 계속 추진해 나가겠습니다.

오랫동안 논의되었으나 해결되지 못하고 있던 피의자의 열람등사권을 확대 보장하고 비공개하고 있던 수사 관련 행정규칙의 공개 범위를 확대하고 반복적이고 광범위한 영장청구 관행을 개선하는 등 검찰개혁에 관하여 국민, 검찰, 법조계 등의 다양한 의견을 수렴하여 제도화를 이루어나가도록 하겠습니다.

저와 법무부는 앞으로 국민, 검찰과 함께 힘과 지혜를 모아 국민을 위한 검찰개혁의 법제화, 제도화를 추진하겠습니다.

특히 오늘 국민께 이행계획까지 약속드린 신속추진과제 전부에 대해서는 제가 하나하나 챙기면서 신속하게 법제화, 제도화를 완성하겠습니다.

신속추진과제는 과거 오랜 논의만 있었지 실제로 이루어내지 못했던 과제들로 이번 기회에 반드시 이루어 내겠습니다. 사실 매일매일 순간순간 고통스럽고 힘들 때가 많습니다.

그러나 검찰개혁이 완수될 수 있도록 용기와 지혜를 모아주시고 계신 국민들의 힘으로 하루하루 견디고 있습니다.

진심으로 국민들께 감사드립니다.

감당해야 할 것을 감당하겠습니다. 검찰개혁을 위한 검경 수사권 조정, 공수처 설치에 관한 입법화가 곧 국회에서 진행될 것입니다.

국민들께서도 검찰개혁이 완성되도록 끝까지 힘을 실어주시기를 바랍니다. 검찰도 국민과 함께 적극적으로 검찰개혁을 추진하고 있고 검찰개혁의 주체이자 관련 사무의 전문가로서 세부적이고 구체적인 해결 방안을 제기해 줄 것으로 기대합니다.

오늘 말씀드린 추진과제들이 검찰개혁의 청사진이 되어 검찰개혁이 완성되는 새로운 미래로 나아갈 것이라고 확신합니다.

저는 국민들께 약속드린 대로 이 자리에 있는 마지막 순간까지 최선을 다해 검찰개혁에 매진하겠습니다.

장관의 부족함에도 불구하고 국민들의 여망 덕분에 검찰개혁의 과제들은 하나씩 해결되고 있고 해결되어 나갈 것입니다.

앞으로도 아낌없는 지도와 성원을 부탁드립니다. 감사합니다.

IV. 언론쇼 이후에 펼쳐지는 재판

기묘한 조서의 탄생

    피의자 조사든 피의자 신분 참고인 조사든 진술 조서는 진술인이 진술한 것을 그대로 적는 것이라고 대부분의 사람들은 생각할 것이다. 나도 이 일을 겪기 전까지는 그렇게 생각한 한 명이었다. 하지만 내가 아무리 사실을 진술해도 결코 조서에는 그대로 쓰이지 않았다.

    검찰은 자신들에게 유리하거나 활용할 가치가 있는 어떤 답이 나올 때까지 집요하게 묻고 또 묻는다. 진술자가 버티면 꼬투리 잡은 것을 강조하며 압박을 가하는 심리전을 펼친다. 만약 끝끝내 원하는 답이 나오지 않으면 진술인의 신분을 일깨워 주거나 진술인의 신분을 이용해서 또 다시 소환하면 된다. 고문과 협박은 없다. 특정 대답을 대놓고 요구하지도 않는다. 다만 원하는 답이 나오면 조사는 생각보다 일찍 끝난다.

이러한 줄다리기는, 끝내 진술인에게 '~인 것 같다'라는 추측성 진술을 검사들이 원하는 키워드로 전달하는 방식으로 타협하게 만든다.

그러면 그들은 그 추측성 발언이 마치 매우 중요한 실체적 진실인 양, 주변 언론을 이용해 검은 연기를 내뿜으며 분위기를 조성해 간다. 내가 진술한 추측성 내용을 바탕으로 생산된 기사들을 보면서 '와, 이런 일이 있구나'라고 나도 속을 정도였으니 말이다.

내가 언제 이런 말을 했냐고 반문할 수 있는 기회도 분명 있다. 하지만 여지없이 재판에 가서 수정하면 된다, 혹은 처음부터 다시 할까요?라는 말로 나를 좌절시키거나 피의자인 내 신분을 떠오르게 하는 방식으로 내 위치를 돌아보게 만든다. 내가 특수부에서 겪은 150시간은 이런 상황의 반복이었다.

그렇게 내가 한 말도 내가 하지 않은 말도 아닌 기묘한 진술 조서가 탄생한다. 이렇게 작성한 조서를 연결 지어 보면, 그들의 의도를 명확하게 알 수 있다. 그 진술 조서가 작성된 순간 그 안에 포함된 키워드는 어김없이 자극적인 혜

드라인으로 언론에 등장하며, 사실 그 칼끝이 어디였는지를 친절하게 알려 준다.

이런 기사를 접한 일반인들은 검찰 조사 단계에서 이미 그 누군가를 죄인으로 인식한다. 당사자는 무엇을 잘못했는지, 무엇이 잘못되었는지도 모른 채, 그렇게 죄인으로 낙인이 찍힌다. 현실에서는 이렇게 재판도 하기 전에 누군가는 죄인이 되고, 그렇게 기묘한 조서는 검찰 수사 단계에서 자신의 역할을 충실히 수행한다.

진술 조서 (제2회, 2019년 9월 11일)

문) 그리고는요.
답) 더 이상 구체적인 말씀은 해주시지 않고, '학교' 관련해서 누구랑 통화를 하는 것 같았습니다.

문) '학교'라 함은 무슨 학교를 의미하는 것인가요.
답) 동양대학교를 의미합니다. 동양대학교 교직원 같은 분이랑 통화하는 걸 들었는데 어디에서 자료제출 요구를 받았는데 그걸 동의하니 안 하니 그런 내용이었습니다.

내가 정경심 교수 집에서 하드를 분리할 때, 정경심 교수가 누구랑 통화를 했냐는 것에 대한 진술이다. 이게 사실이고 진실이다. 내가 가진 기억은 동양대 교직원 같은 사람과 동양대 업무와 자료 제출 관련 통화를 하는 정경심 교수의 모습뿐이다.

진술 조서 (제4회, 2019년 9월 20일)

문) 피의자가 흰색 PC를 분해하는 동안 정경심은 무얼 하고 있었나요.

답) 정경심 교수님은 동양대학교 교직원으로 생각되는 사람과 언성을 높여서 통화를 하면서 중간 중간 '학교 관계자가 국회의원에게 자료를 너무 많이 준다.'고 불평을 하기도 했고, 통화를 하지 않을 때는 제가 분해하는 것을 돕기도 했습니다.

이것이 내가 아는 전부이기에 관련해서는 더 이상 말할 것이 없었다. 그런데 다음 조사에서 뭔가 상황이 바뀌었는지, 이 부분을 집중해서 묻고, 묻고 또 물었다. 그들이 원하는 답은 내가 말한 사실이 아니었다. 내가 아는 것은 저게 전부인데 전화 통화를 했으면, 누군가는 하드를 교체하는 걸 알 수밖에 없지 않았냐, 컴퓨터 얘기는 당연히 하는 게 상식이지 하면서 계속적으로 많은 말들을 붙이면서 유도 심문과 함께 심리적인 압박을 계속 가했다. 내가 아는 전부는 이것밖에 없는데.

'PC에 하드교체를 하고 있는데, 정경심 교수가 자유롭게 편하게 왔다 갔다 하면서 통화를 했다. 내 이름은 들은 것 같기도 해서 아마 내가 집에 와 있는 상황을 잘 알고 있는 사람한테 설명을 해주는 것 같다.'

계속되는 질문에 이제부터는 내 추측과 상상이 덧대어진 진술을 하게 된다. 하지만 이것 역시 그들이 원하는 답과는 멀었던 것 같다. 아니 진술에서 조국 교수와 20분 정도 같이 있다고 진술했는데, CCTV 분석해 보니 한 시간 정도였는데, 그리고 교직원이라고 생각하는 게 이상하지 않습니까, 다른 사람일 수도 있는데 어떻게 확신할 수 있나요 등 또 거짓 진술하려고 머리 쓰시는 거예요. 미치고 황당할 노릇이다. 뭔가를 자꾸 얘기하라고는 하는데 도대체 뭘 얘기하라는 건지 알 수 없었다. 하여간 이런 압박과 심리전은 계속된다.

경험상 이 질문에 답은 이미 정해져 있고 내가 자연스럽게 답을 하지 않으면 절대 넘어가지 않는다. 또 내 상상을 덧붙였다.

"컴퓨터 얘기도 한 것 같고, 뭐 하드 얘기도 들은 것 같은데, 하여간 내가 집에 있는 상황과 정경심 교수가 뭘 하고 있다는 것을 중계하듯이 한 것 같다." 이런 단어들을 종합해서 검사는 기가 막힌 진술 조서를 만든다.

진술 조서 (제5회, 2019년 9월 30일)

문) 피의자는 전회 진술에서 피의자가 정경심의 지시를 받고 하드디스크를 교체하는 동안 정경심이 다른 사람과 계속 통화를 하였다는 취지로 진술하였는데 맞는가요.
답) 네 맞습니다.

문) 정경심이 다른 사람과 통화를 하면서 '하드디스크 교체'에 대해서 언급한 사실도 있는가요.
답) 네 있습니다.

문) 그때가 언제인가요.

답) 시간은 정확히 모르겠고, 제가 정경심 교수님의 주거지에 들어가서 거실 소파에 조금 앉아 있다가 정경심이 교수님이 서재로 들어오라고 해서 서재에 들어갔는데 서재 바닥에 흰색 PC가 놓여 있었습니다. 그래서 제가 앉아서 흰색 PC를 열어 보려고 드라이버도 받고 분해를 막 시작할 무렵이었습니다.

문) 피의자가 정경심의 주거지 출입문에 들어온 시각이 17:43경인데, 얼마쯤 있다가 작업을 시작한 것인가요.
답) 한 10분 정도인 것 같습니다.

문) 당시 정경심이 어떤 내용의 통화를 하던가요.
답) 제가 컴퓨터를 분리하고 있었는데, 정경심이 상대방에게 '컴퓨터를 분리하고 있다.'는 이야기를 하는 걸 들었고, 당시 정경심이 제 옆에만 있었던 것은 아니고 왔다 갔다 하면서 통화를 하여서 통화내용을 다 듣지는 못했습니다.

문) 정경심이 당시 통화 상대방에게 하드디스크 교체에 대해서 이야기했다는 말인가요.
답) 네

문) 상대방은 남자였나요. 여자였나요.

답) 그건 모르겠습니다.

문) 정경심이 통화 상대방을 편하게 대하던가요. 어렵게 대하던가요.

답) 뭔가 제가 하고 있는 일을 '중계'하는 느낌이었습니다.

[피의자에게 2019. 8.28. 17:35경부터 19:31경까지 사이의 정경심 발신, 수신 통화 내역을 제시하고]

문) 정경심의 통화내역을 보면 정경심은 피의자가 정경심의 주거지에 들어간 이후 조국, 김OO, 이OO, 조OO, 김OO과 전화를 한 것으로 보이는데, 이 사람들 중에 당시 정경심이 '하드디스크 교체'를 중계하는 것처럼 통화를 한 사람은 누구인 것 같나요.

답) 잘은 모르겠지만 제가 주거지에 들어가서 얼마 안 있었던 때니깐 조국, 김OO, 이OO 중에 1명 같은데 잘 모르겠습니다. 다만 정경심의 통화 상대방도 하드 디스크 교체에 대해서는 이미 알고 있었던 분위기였습니다. 정경심과 하드디스크 교체에 대해서 자연스럽게 말을 주고받았습니다.

이 통화내역을 보고 나서야 나는 이들이 원하는 것이 무엇인지를 깨달을 수 있었다. '교직원과 전화하는 것 같다'는 이야기는 이때부터 아예 사라지고 갑자기 컴퓨터, 하드, 중계 등의 단어로 조서가 채워졌다. 이 진술이 참인지 거짓인지는 이 글을 읽는 사람들의 판단에 맡기겠다. 어떻게 하면 갑자기 전혀 다른 진술을 할 수밖에 없었는지…. 절대로 고문과 협박은 없었다. 조사를 끝내지 않는다는 것과 매일 와야 한다는 압박감, 그리고 기소될지 모른다는 두려움만이 있을 뿐이다.

첫 진술과 두 번째 진술 외에는 어쩔 수 없이 내 상상력과 추측이 들어간 진술이다. 다시 얘기하면 내가 '알 수 없는 부분이다'라는 것이 정확한 진술이다. 그래서 '~ 같다'를 붙여 추측임을 얘기했는데, 조서에서는 '같다'가 사라지고 확신의 말로 바뀌어 있었다. 모래로 지어진 집은 점차 완성되어 갔고, 나는 추후 법원에 가서 정정하겠다는 생각으로 이 상황을 합리화했다. 그것이 이 자리를 벗어나고, 저 질문에서 벗어나는 유일한 해방구였기에. 실제로 저 비슷한 진술을 한 후에 그날의 조사는 끝이 났다.

진술 조서 (제7회, 2019년 12월 5일)

문) 피의자는 2019. 8. 28. 정경심의 주거지에 정경심과 함께 들어간 후 약 10분 정도 후에 곧바로 정경심의 지시를 받아 주거지 서재 방에서 하드디스크 교체 작업을 했다고 진술하였는데 맞는가요.
답) 네 맞습니다.

문) 당시 정경심이 누군가와 통화를 하면서 하드디스크 교체 과정을 중계하듯이 설명했다고 진술하였는데 맞는가요.
답) 네

문) 피의자는 통화 상대방이 누구인지 알 수는 없으나 통화 상대방은 하드 교체 사실에 대해 이미 알고 있는 분위기였고, 정경심과 하드 교체에 대해 자연스럽게 말을 주고받았다고 진술하였는데 맞는가요.
답) 네, 맞습니다.

문) 정경심이 통화 상대방에게 존대를 하던가요.
답) 정경심 교수님이 서재 방을 왔다 갔다 하시면서 통화를 했기 때문에 잘 모르겠습니다. 존대를 했는지 하대를 했는지는 기억나지 않습니다. 자연스럽게 말을 주고받은 것은 맞습니다.

대부분의 조서가 이런 식이다. 조국, 정경심 교수에게 불리한, 내가 한 말도 안 한 말도 아닌 이런 기묘한 진술 조서가 만들어졌다. 그것은 어김없이 허상이 되어 기사로 나타났고, 세상 사람들은 그것을 사실로 믿었다. 검찰의 도구인 나는 그들에게 아주 유용한 물건이었고, 언론은 그 물건을 꼭 두각시 인형이라고 생각하며, 자기들 맘대로 이리저리 잡아당기기 바빴다. 이러는 사이 진정한 나는 사라지고 내 주변은 온통 이상한 기사와 이야기들로 가득 채워졌다.

부담 던 檢, 조국 정조준... 이르면 내주 피의자 신

[단독]

김경록 "증거인멸

한동훈 "조국 '증거인멸' 엄격하게 봐야 할 범죄"

KBS 내부 "조국사건 재판받는 최강욱 출연 부적절"

정경심이 증거인멸 떠넘기자, 김경록 "대질조사 하자"

부담 던 檢, 조국 정조준... 어드는 조국일가 자산관리인 기소 소환

'딸 통장 진술 번복' 유죄 판결 영향 없어... 조국 "기소]"

정경심 범죄 혐의 11가지 최소 4개는 '조국 연루'

정경심 자산관리인 "하드 교체가 증거인멸" ... 檢 노트북 행방 추적

"김경록 안 만나" → "만나긴 했다", "노트북 가방 안 받아" → "받긴 했다"

KBS 내부 "조국사건 재판받는 최강욱 출연 부적절"

'정경심 PC 증거은닉 혐의' 자산관리인 "공소사실 전부 인정"

정경심의 증거인   정경심 조이는 펀드 수사... 매월 수익금 챙긴 정황

[단독]   '대 부활 했다 '도' 하는 정경심, 김경록 찍었다

정경심 입시비리 모두 유죄... 징역 4년

KBS '정경심 자산관리인' 김경록씨 인터뷰 녹취록 공개

정경심이 증거인멸   [단독] 최강욱이 조국에게 불리한 증언을 했다

정경심 자산관리인   KBS 사회부장 "유시민만 믿나" 보직사퇴

유시민 "검찰-언론 유착" vs 검찰, KBS "사실무근"

PC 증거 은닉 혐의 정경심 자산관리인 1심서 '유죄' 선고

"김경록 안 만나" → "만나긴 했다", "노트북 가방 안 받아" → "받긴 했다"

유시   검찰-언론 유착" vs 검찰, KBS "사실부근"

김경록 "5촌 조카가 사기꾼, 조국 부부는 피해자" 했다

김경록   檢, 정경심 오늘 추가 기소할 듯

檢 '조국 의혹' 20여大 압수수색

'유시민 '알릴레오' 발언 고발에 검찰 수사 착수   어 기소

[단독] 조국 사태로 Ⅰ 김경록 "정경심이 증거인멸 지시했다"

정경심 범죄 혐의 11가지 최소 4개는 '조국 연루'

조국 부부 자산관리인 김경록   할 범죄' 집행유예

'정경심 PC 증거은닉 혐의' 자산관리인 "공소사실 전부 인정"

한동훈 '조기

정경심, 김경록 찍혔다

"증거인멸 맞다"... 유시민 측선 인터뷰 전문 공개

"인터뷰 전문 공개 檢, 정경심 유···

정경심, 김경록 동시 소환... 사라진 노트북 행방 집중 추궁

정경심의 증거은닉, 되레 부메랑 됐다

정경심 2심도 징역 4년 유죄

'딸 통장 잔술 번복' 유죄 판결 영향 없어... 조국 "고통스럽다"

'알릴레오' 무폭통... 검찰 유감 표명, KBS 기자들 긴급회의

정경심 "모르쇠" 전략에 檢, 구속연장 검토

'알릴레오' 무폭통... 檢 KBS 기자들 긴급회의

[단독] 조국 사퇴로 대입 바뀐 날, 조한은 檢 3급시험 봤다

김경록 "정경심이 증거인멸 지시했다"

檢, 조국 자녀 기소 여부 '7개월째 고심 중'

김경록 "정경심이 증거인멸 지시했다"

정경심 자산관리언 "하드 교체가 증거인멸"... 檢 노트북 행방 추적

정경심 유시민, 김경록 인터뷰 편향된 편집 의혹

檢 "하드 교체가 증거인멸"... 檢 노트북 행방 추적

유시민 '알릴레오' 발언 고발에 검찰 수사 착수

KBS 사회부장 "유시민만 믿나" 보직사퇴

정경심 2심도 징역 4년 유죄

檢, 조국 자녀 기소 여부 '7개월째 고심 중'

정경심 입시비리 모두 유죄... 징역 4년

PC 증거 은닉 혐의 정경심 자산관리언 1심서 '유죄' 선고

'정경심 PC은닉' 유죄

정경심 사모펀드 투자 전 '남편한테 물어보겠요'... 자산관리언에 묻자 檢

KBS '정경심 자산관리언' 녹취록 공개

김경록 "5촌 조카가 사기꾼, 조국 부부는 피해자"

檢 '조국 의혹' 20여곳 전격 압수수색

유시민, 김경록 인터뷰 편향된 편집 의혹

檢 동긴 정황

[단독] 최강욱 조국에게 불리한 증언을 했다

'정경심 PC은닉' 김경록 "책임 전가에 배신감"

검찰에 의해 만들어진 이 진술 조서는 언론에 의해 다양한 형태로 재생산되었고, 허상의 이야기를 온통 어깨에 짊어진 채 정경심 교수 재판에 증인으로 나가게 되었다. 정경심 교수의 재판은 오전에는 검찰이 오후에는 변호인이 질문하는 형태로 이루어졌다.

기묘한 진술서는 여지없이 검찰의 오전 재판에도 등장했다. 이번에는 '네', '아니요' 외에는 특별히 말할 틈을 주지 않았다. 그러다가 내 진술이 본인들의 의도와는 달랐는지, 또는 원하는 답을 얻지 못했는지 그 자리에서 내 재판의 나의 변호사가 작성한 항소 이유서를 들이밀었다.

검사들에게 나는 칼이 채워진 죄인이자 도구였다. 그들은 다시 내 목에 채워진 그 칼을 이 재판장에서도 툭툭 잡아당기기 시작했다. '지금 네가 어떤 위치에 있는지 잊은 모양인데, 내가 그걸 다시금 일깨워 줄게.' 검찰청과 법원이라는 장소만 바뀌었을 뿐, 그들은 지난 수개월 동안 이런 방식으로 나를 지속적으로 이용했다. 비겁하고 치사하다는 생각이 들었다.

칼

죄인에게 씌우던 형틀. 두껍고 긴 널빤지의 한끝에 구멍을 뚫어 죄인의 목을 끼우고 비녀장을 질렀다.

나는 이 상황을 가만히 지켜보고만 있는 판사의 태도도 이해할 수 없었다. 증인석에 앉아 난 그 누구를 쳐다봐야 하는 것인지….

"여기서 증인의 형사사건과 관련된 이야기를 하는 것은 부당합니다. 저는 앞으로 좌측에 있는 검사, 우측에 있는 정경심 변호인과도 제 형사사건으로 다투어야 할 입장이 될지도 모르는데, 그런 상황에 놓여 있는 증인에게 본인의 항소이유서를 언급하며 증언을 하라고 압박하는 것은 부당하다고 생각합니다."

판사에게 부당함을 얘기했다. 이 한마디를 하기 위해서는 엄청난 용기가 필요했다. 그리고 내가 재판에서 발언한 가장 긴 내 목소리였다. 판사는 그러면 그 부분은 따로 증언하지 않아도 된다고 했다. 그렇게 오전 증언은 끝이 났다.

휴식 시간에 한 검사가 기자와 방청객이 많으니 증인석에 앉아 있지 말고, 증인 보호석에 들어가서 쉬다가 나오는 것이 좋지 않냐고 물었다. 그걸 가만히 듣고 있던 다른 검사가 한마디 거들었다.

"김경록 씨는 용감해서 그런 거 신경 안 써도 돼, 괜찮아."

난 괜찮지 않았다. 검사가 재판 과정에서 다시금 내 목에 있는 칼을 건드렸을 때, 무섭고 두려웠다. 하지만 내가 증인 보호석에 가지 않고 여기 있는 것은 다시금 날 건드려도 개의치 않겠다는 일종의 퍼포먼스였다. 그렇게 난 어떻게든 꾸며진 내 모습을 탈피하고 싶었고, 증인석에 당당히 자리하고 싶었다.

......

부담 던 檢, 조국 정조준... 이르면 내주 피의자 신

[단독]

김경록 "증거인멸

한동훈 "조국 '증거인멸' 엄격하게 봐야 할 범죄"

KBS 내부 "조국사건 재판받는 최강욱 출연 부적절"

정경심이 증거인멸 떠넘긴기자, 김경록 "대질조사 하자"

부담 던 檢, 조국 정조준... 이르는 조국일가 자산관리인 기소

'딸 동창 진술 번복' 유죄 판결 영향 없어... 조국 "

정경심 범죄 혐의 11개중 최소 4개는 '조국 연루'

정경심 자산관리인 "하드 교체가 증거인멸" ... 檢 노트북 행방 추적

"김경록 안 만나" → "만나긴 했다", "노트북 가방 안 받아" → "받긴 했다"

KBS 내부 "조국사건 재판받는 최강욱 출연 부적절"

'정경심 PC 증거은닉 혐의' 자산관리인 "공소사실 전부 인정"

정경심의 증거은닉 정경심 조어는 펀드 수사... 매월 수익금 챙긴 정황

[단독] 부패랑 봤다 도' 하는 정경심, 김경록 찍었다

대법 "정경심

정경심 입시비리 모두 유죄... 징역 4년

KBS '정경심 자산관리인' 김경록씨 인터뷰 녹취록 공개

정경심이 증거인멸 [단독] 최강욱이 조국에게 불리한 증언을 했다

정경심 자산관리인 KBS 사회부장 "유시민만 믿나" 보직사퇴

유시민 "검찰-언론 유착" vs 검찰, KBS "사실무근"

PC 증거 은닉 혐의 정경심 자산관리인 1심서 '유죄' 선고

"김경록 안 만나" → "만나긴 했다", "노트북 가방 안 받아" → "받긴 했다"

유시 "검찰-언론 유착" vs 검찰, KBS "사실부근"

김경록 "5촌 조카가 사기꾼, 조국 부부는 피해자" 했다

김경록 檢, 정경심 오늘 추가 기소할 듯 색

檢 '조국 의혹' 20여곳 압수 수색

유시민 '알릴레오' 발언 고발에 검찰 수사 착수

檢

[단독] 조국 사태로 [김경록 "정경심이 증거인멸 지시했다"

정경심 범죄 혐의 11개중 최소 4개는 '조국 연루'

조국 부부 자산관리인 김경록 범죄 집행유예

'정경심 PC 증거은닉 혐의' 자산관리인 "공소사실 전부 인정"

한동훈 "조

= 정경심, 김경록 찍었다

"증거인멸 맞다"... 유시민 측선 인터뷰 전문 공개

檢, 정경심 ᄋᆢ ᅳ

정경심. 김경록 동시 소환... 사라진 노트북 행방 집중 추궁

정경심의 증거은닉, 되레 부메랑 됐다

정경심 2심도 징역 4년 유죄

'딸 동창 진술 번복' 유죄 판결 영향 없어... 조국 "고통스럽다"

'알릴레오' 후폭풍... 검찰 유감 표명, KBS 기자들 긴급회의

정경심 '모르쇠', 전략에... 檢, 구속연장 검토

'알릴레오' 후폭풍... 립ᄂᆢ 檢, 구속연장 검토 KBS 기자들 긴급회의

[단독] 조국 사태로 대입 바뀐 날, 조민은 ᄇᆢ ᅳ 급시험 쳤다

김경록 "정경심이 증거인멸 지시했다"

檢, 조국 자녀 기소 여부 '7개월째 고심 중'

정경심. 김경록 동시 ᄉᆢ ᅳ

김경록 "정경심이 증거인멸 지시했다"

정경심 자산관리인 "하드 교체가 증거은멸"... 檢 노트북 행방 추적

정경심 유시민, 김경록 인터뷰 편향된 편집 의혹

'ᄅᆢᅳ "하드 교체가 증거인멸"... 檢 노트북 행방 추적

유시민 '알릴레오' 발언 고발에 검찰 수사 착수

KBS 사회부장 "유시민만 믿나" 보직사퇴

정경심 2심도 징역 4년 유죄

檢, 조국 자녀 기소 여부 '7개월째 고심 중'

정경심 입시비리 모두 유죄... 징역 4년

PC 증거 은닉 혐의 정경심 자산관리인 1심서 '유죄' 선고

'정경심 PC은닉' ᄇᆢᅳ

정경심 사모펀드 투자 전 자산관리인 김경록, 항소심도 집행유예

KBS '정경심 자산관리인 · 김ᄋᆢ "남편한테 물어보겠다" 자산관리인에 문자 녹취록 공개

김경록 "5촌 조카가 사기꾼, 조국 부부는 피해자"

檢 '조국 의혹' 20여곳 전격 압수수색

유시민, 김경록 인터뷰 편향된 편집 의혹

[단독] 최강욱이 조국에게 불리한 증언을 했다

'정경심 PC은닉' 김경록 "책임 전가에 배신감"

오후에 진행된 변호인 질문에서는 그나마 내가 말할 수 있는 기회가 주어졌다.

내가 KBS 인터뷰 과정에서 '누군가 네 죄를 엄하게 보고 있다'는 이야기를 들었고, 특정 부부장 검사가 '우리에게 협조하면 우린 절대 배신하지 않는다'는 등의 이야기를 한 것은 내가 어떤 분위기에서 조사를 받았으며, 그러한 상황 속에서 생겨난 기묘한 진술서의 부당함을 알리기 위해서였다.

이 말을 하면 판사가 가장 귀담아들어 줄 것이라고 생각했다. 억압과 두려움 속에서 진술할 수밖에 없었고, 그 진술은 진실도 사실도 아닐 수 있다고, 제발 나를 좀 봐달라고….

하지만 결국 판사도, 검사도, 변호사도, 언론도 이런 이야기에 귀를 기울이지는 않았다. 재판에 증인으로 나가면 많은 것이 풀릴 것이라 생각했지만, 내 기대와는 달랐다. 증인으로 나가서 할 말을 못 하고 펑펑 울었다는 어떤 이의 마음이 나에게도 고스란히 전해졌다. 정말 웃지 못할 사실은 그 증인에게도 나에게도 이 재판은 우리의 재판이 아니라는 것이다.

내가 왜 그렇게밖에 말할 수 없었고, 왜 세상에 그런 이야기들이 허상처럼 흘러나갔는지 그 과정에 대한 부당함을 이야기하고 본질을 이야기할 수 있는 공간이 재판이라고 생각했다. 하지만 그 과정에 대한 판단은 판사들에게는 크게 중요해 보이지 않았다.

그렇게 재판은 끝났고, 나를 감싸고 있던 기묘한 이야기들과 허상은 결국 칼날이 되어 내 몸 깊숙이 자리 잡게 되었다.

검찰 "정경심이 PC 하드 교체 때 통화한 사람은 조국"

김씨는 이날 오전 서울중앙지법 형사합의25-2부(재판장 임정엽) 심리로 열린 정 교수의 공판에 증인으로 출석해 "당시 통화한 사람이 누구인지는 몰랐지만, 제가 정 교수의 집에 들어와 하드디스크를 교체하고 있는 일련의 과정을 전화로 중계하는 것을 보고 이를 이미 다 알고 있는, 편한 사람이랑 통화하는구나 했다"며 이같이 말했다.

검찰이 이날 밝힌 기록에 따르면 김씨가 하드디스크를 교체하던 당시 정 교수가 통화한 상대방은 조 전 장관, 이인걸 변호사, 동양대 관계자였다. 검찰은 "이인걸 변호사는 하드 교체 사실을 뉴스를 통해 처음 접했다고 했고, 동양대 관계자는 하드디스크 관련해 통화했을 것으로 보이지 않는다"며 사실상 조 전 장관과 통화했을 것이라고 주장했다.

난 증인으로 나가서 이런 말을 한 적이 없다.

정경심의 증거은닉, 되레 부메랑 됐다

정경심 2심도 징역 4년 유죄

'ㅇㅇㅇ 지수 번복' 유죄 판결 영향 없어... 조국 "고통스럽다"

'알릴레오' 후폭풍... 검찰 유감 표명, KBS 기자들 긴급회의

부담 덜ㄴ 조ㄱ 본ㄱ

'딸 통장 진술 번복' 유죄 판결 영향 없어... 조국 "고통스럽다"

정경심 자산관리인 "하드 교체가 증거인멸"... ㅈㄷㅡ ㅎㅎ ㄱ 적

"ㅇㅇ ㄴㄴ기 했다" → "노트ㅂ 가방 ㅇ 받다"

KBS 내부 "조국사건 재판받는 최강욱 출연 부적절"가 → "받긴 했다"

'정경심 PC 증거ㄴ벽 ㅇㅇ' ㅈㅣㅅㅁㄷㄷ ㄱㅅㅎ "전부 인정"

정경심의 증거은닉, 저격심 조이는 펀드 수사... 매일 수억금 챙긴 정황

[단독] 증거ㄴ... 되레 부메랑 됐다 며. 젇ㄷ, 가는 정경심, 김경록 찍혔다 징역 4년

KBS '정경심 모두 유죄... ㅂㅁㄹㅂ씨 인터뷰 녹취록 공개

대법 "정경심 PC 숨긴 자산관리인 유죄"

ㅇㅇ ㄱ 증거인멸 ㄷㅎㅇ ㅇㅇ ㄱㅅ ㄷㄷㄹㄴㅈㅏ"

유시민 "검찰-언론 유착" vs 검찰, KBS "사ㅅㅁㄱㅔ" 보직사퇴

[단독] 최강욱이 조국에게 불리한 증언을 했다

"김경록 안 만나" → "만나긴 했다", "노트북 가방 안 받아" → "받긴 했다"

PC ㅅ ㅇㅇ ㅇㅇㅇ ㅈㄷㄷㄷㄷ ㄷㅈ ㄱㅇ 선고

유시민 "검찰-언론 유착" vs 검찰, KDS

유시민 "알릴레오, 5촌 조카가 사기꾼, 조국 부부는 피해자"

김경록 "정경심이 증거인멸

檢 '조국 의ㅈ ㅂㅇ 고발에 검찰 수사ㄱ 전격 압수수색'

檢 '증거인멸 혐의' 조국일가 ㅅㅅㅅ 리인 기소

[단독] 조국 사퇴로 대입 바뀐 날, 조민은 의사되려 진급시험 봤다

김경록 "정경심이 증거인멸 지시했다"

정경심 ㅁㄷ ㅇㅈ 11개으 징ㅅ 4년ㄷ 조국 모두

조국 부부 자산관리인 기ㄱㅡㅡ

ㅡㄷㅇㅕㄷ, 염격하ㄷ ㅂㅇ ㄷ ㅂ죄"

KBS 내부 '조국사ㄱ, 증거인멸, 염격하게 봐야 일 범죄' 경록 출연 부적절"

연동운 '조국 증거인멸, 김경록 인터뷰 편앙편 편집 의혹

ㅅ 혐의 11개중 최소 4개는 '조국 연루'

정경심이 증거인멸 떠넘기자, 김경록 '대질조사 하자'

ㄱ 기소 여부 '7개째 고심 중'

ㄷㅡ 추가 기소될 듯

'정경심 PC은닉' 김경ㄹ ㅇㅇㅇ ㄷㄷㅇ ㅇ 됐다

ㅡ ㄱㄴㅇㅇ ㅈㄱㄷ

檢 '증거인멸 혐의' 조국일가 자산관리인 기소 ㅣ 챙긴 정황

정경심 '모ㄹㅅ: ㅡ ㅡㄴㄴㅎ 들어보았다" 자산관리인에 문자 남겨

정경심 '모ㄹㅅ' 자산관리인 "공소사실 전부 인정"

'정경심 PC 증거은닉 혐의' 자산관리인 ㅡ ㄱㅈ... ㅇㅡ 부담 던 檢, 조국 겸조준... 이르면 내주 피의자 신분 소환

[단독] 동양대 PC '증거 인멸, 절도' 하는 정경심, 김경록 찍혔다

마지막 기대는 무슨

어머니 몸에서 종양이 발견됐다는 사실과 조국 교수가 법무부장관에 스스로 사임했다는 소식은 나의 모든 생각과 판단을 바꾸게 만들었다.

'조국 교수가… 나도 이제 가족을 돌볼 테니, 너도 다른 생각 말고 가족을 돌보라고 하나 보다.'

내가 당한 부당한 처사에 대한 항의와 내가 알고 있는 사실을 주변에 알려야겠다는 생각이 들었다.

특수부에서의 조사는 한 달 동안 거의 집중되었고, 시간이 흐른 뒤에는 드문드문 형식적인 조사만 이루어졌다.

2019년 11월에는 내가 수사 받던 부서가 아닌 금조부 같은 곳에서 검찰 조사를 받으러 오라고 했다. 이 검사는 금융 관련된 질문을 아주 전문적으로 물었다. 그동안의 검사보다는 금융 관련 지식이 풍부해 보였다. 아마도 알릴레오 인터뷰 이후에 진행했던 한투 목동지점 압수수색과 관련된 조사였을 것이다. 이 검사는 천○○ 검사다.

내가 알릴레오 인터뷰한 것 때문에 검찰 내부에서 난리가 났는지 그때 나를 조사하던 사람들이 크게 혼나고 징계를 받았다면서 좀 너무 한 것 아니냐며, 나는 진짜 조심해야 될 사람이라고 내부적으로 자기들끼리 얘기를 한다는 등 이상한 소리를 하고 있었다. 그러면서 자신도 지금 조사할 때 상당히 조심스럽다고….

나는 나름 성실히 검찰조사에 임했었고 그것이 다 마무리될 무렵에 알릴레오와 인터뷰를 한 것이다. 그것도 내 죄에 대한 이야기도 아니었다. KBS 인터뷰는 되고 알릴레오와의 인터뷰는 안 된다는 것이 상식적으로 말이 되는지 하여간 그런 이야기를 서두에 깔고 조사를 받았다.

그때까지 난 기소를 당하지 않은 상태였다. 거의 한 달 150여 시간을 조사해 놓고 기소를 안 하는 것도 납득이 되지 않았지만, 증거은닉 교사 혐의로 정경심 교수가 기소된 것 또한 이해가 되지 않았다. 증거은닉 교사 혐의가 되기 위해서는 적어도 나를 먼저 기소하고 죄의 유무를 따지는 것이 당연한 순서였다. 정경심 교수 재판에서 그 부분을 판사가 지적했고 그에 따라 난 곧 기소될 처지에 놓였다.

2019년 추석 명절 전에 곤경에 놓인 나는 정경심 교수의 자택하드를 제출할 수밖에 없었다. 그것이 검찰에 협조한다고 비쳤는지 그때 한 부부장 검사가 이런 말을 했다.

"좋은 관계 계속 유지하면 우리는 끝까지 버리지 않는다, 같이 잘 가보자."

법은 이런 모양이다. 검찰에 협조하고 좋은 관계 유지하면 죄가 없고, 그렇지 않으면 죄가 생기는 뭐 그런 시스템인 듯하다. 기소되기 며칠 전에 변호사한테 한 부부장 검사가 전화를 해서 약속을 지키지 못해서 미안하다는 말을 전해 들었는데, 그 미안하다는 의미를 난 이렇게 받아들였다. 물론 이런 일들이 없었다면 아주 순수한 마음으로 그 사과를 받았을 테지만 이미 나는 이들에게 신뢰라는 단어를 찾지 않았다.

아마도 나를 기소한 것에 대한 미안함이라기보다 조국 교수와 정경심 교수의 증인으로 나설 나에게 잘 부탁한다는 말로 들렸다. 애초부터 검찰은 나 같은 증거은닉 나부랭이에게는 1도 관심을 갖지 않았다. 나는 이들에게 조국, 정경심 교수를 공격하는 도구에 불과했다. 그걸 깨닫는 것도 그렇게 많은 시간이 필요하지 않았다. 그러니 나를 기소도 하지 않고 무조건 정경심 교수를 기소해 버리는 말도 안 되는 상황이 벌어진 것이다.

나는 재판을 기다렸다. 모든 압수수색과 진술 조서의 부당함을 법정에서 다툴 것이라 생각했다. 그런데 막상 재판에서 판사는 증거 수집 위법성과 조서의 문제점에 대해서는 전혀 관심을 갖지 않았다. 그런 것을 말할 수 있는 분위기도 아니었고 말할 기회도 주어지지 않았다.

'뭐지, 재판 가서 다 정정하면 된다고 했는데….'

이미 유죄를 인정한 사람에게는 주어지지도 않는 시간이었다. 내가 말할 수 있는 부분도 많지 않았고, 기대했던 부당 행위의 얘기나 진술서 정정은 아예 꿈도 못 꿨다.

법정에서의 조서는 이미 확정된 진실로 취급을 받았고, 진리로 여겨지는 조서는 재판에 중대한 자료로 쓰이게 된다. 이 사건에 휘말리는 처음부터 마지막까지 난 법에 대해 몰라도 너무 몰랐고, 재판이라는 것도 너무 몰랐다.

검찰은 기소 이유를 설명하고 검찰에 협조했다는 점, 자기 죄를 반성하고 있다는 점 등을 감안하고 피의자 형량이 다소 낮아질 수 있는 포괄일죄를 적용해 달라고 재판부에 요청하고 징역 10월을 선고했다. 내 변호사는 포괄일죄가 아니고 모두 계획된 것이 아니라 우발적으로 행해졌다는 점을 들어 실체적 경합범을 주장했다.

포괄일죄
범죄의 구성요건으로서 여러 개의 행위가 규정되어 있으나, 일괄적으로 단순한 1개의 죄가 성립하는 범죄

실체적 경합범
실체적 경합범은 한 사람이 2개 이상의 죄를 범하는 경우

검찰은 내 형량을 낮추기 위해 포괄일죄를 적용해 달라고 요청했고, 내 변호인 역시 형량을 낮추기 위해 실체적 경합범을 주장했다. 둘 다 형량을 낮추기 위해 상반되는 법률을 적용해 달라는 웃지 못할 상황이 벌어진 셈이다. 나도 그때까지 이게 무슨 상황인지 잘 몰랐지만, 나중에 알고 보니 이것 역시 어떤 의도가 숨겨져 있었다. 검찰이 주장한 포괄일죄를 적용하여 하나의 사안에 집중시킴으로써, 결국 조국 교수와 마주쳤던 일과 하드교체 당시 정경심 교수가 통화한 상대방을 동일 혐의로 그 죄를 묻기 위해서였다. 결국 조국 교수를 증거은닉으로 몰아가기 위함이다.

어쨌든 판사가 최후 진술을 하라고 해서 나는 준비한 자료를 읽기 시작했다. 사실 많은 부분을 준비했지만, 주어진 시간이 짧아 이 부분만 얘기했다.

1심 최후 진술

살면서 저에게 언론개혁이나 검찰개혁은
아무런 관심사가 되지 못했습니다.

돈 버는 것 외에는 중요한 것이 없었고
제가 관여할 부분도 아니라고 생각했습니다.

하지만 지난 수개월간 직접 경험해 본 지금 이 순간,
언론개혁과 검찰개혁은 당사자인 저에게도
그리고 우리에게도 정말 중요한 과제임을
절실히 느끼고 있습니다.

이런 최후 진술을 하면서 검사들의 행동을 살폈다. 아니나 다를까 책상 위에 손을 놓고 있다가 갑자기 뒤로 의자를 젖히면서 뭐라 중얼거렸다. 입모양을 자세히 보니 바로 이 말이었다.

'씨…저 새끼가'

그리고 난 1심에서 징역 8개월에 집행유예 2년을 선고 받았다.

그전에는 공판이 끝나고 나면 법정을 나가면서 검사와 변호사가 악수를 하고 가벼운 얘기를 나눈 다음에 헤어졌는데, 오늘은 그런 모습을 전혀 찾아볼 수가 없었다. 아예 검사들은 아는 척도 안 하고 그냥 가버렸고, 당황한 내 변호사가 나한테 한마디하기 시작했다.

"야, 쓸데없는 소리를 왜 하고 그래, 네 재판에 전혀 도움이 안 되는 얘기를…."

지금 생각해 보면 내 선배인 변호사에게 미안한 생각을 많이 가지고 있다. 내가 변호사의 뜻과는 다르게 돌발행동을 하는 바람에 매우 난처한 상황에 처한 적도 많다. 변호라고 하는 것이 법리와 논리로 검찰하고 싸우는 것이 아니라 최대한 협조를 하면서 검사들이 기소를 안 하게 하거나, 하더라도 최소한의 형량을 받게 하는 것이 주된 업무였다. 이런 측면에서 변호사가 나를 위해 열심히 노력하면 할수록, 외부에서 봤을 때는 정경심 교수와 조국 교수를 공격하는 입장이 되어 수많은 비난을 받을 수밖에 없다. 나의 돌발행동을 참고 견디는 일이 쉽지 않았을 텐데도 끝까지 나를 위해서 묵묵히 최선을 다해 줬다. 아마도 내가 구속을 당하지 않은 것은 변호사의 역할이 컸다고 지금도 생각한다.

내가 저런 최후진술을 준비한 것은 한 달 동안 검찰하고 언론에게 조리돌림 당한 것에 대한 최소한의 저항이었다. 이 날의 최후진술을 듣고 '씨…저 새끼가'라고 중얼거렸던 검사에게는 그러한 최소한조차도 용납되지 않는 모양이다. 한 달 내내 나를 조리돌림을 하던 검찰과 언론을 생각하면 아직도 치가 떨린다. 재판이 끝나고 법정을 나서는데 이번에는 기자들이 나를 에워싸며 묻는다.

"언론 개혁을 말씀하셨는데, 그 언론사가 어디를 말하는 것입니까?"

내 입에서 나올 말은 뻔했지만, 그들과는 아무 말도 하고 싶지 않았기에 그냥 거기 모여 있는 기자들의 얼굴들을 쳐다만 봤다. 아마도 그게 무엇을 의미하는지 깨닫지는 못한 듯하다.

'바로 너희들 모두를 얘기하는 거다.'

대부분 보수 언론에 대한 앙금이기도 하지만, 조금 넓게는

진실을 제대로 보도하지 못하고 있는 모든 언론에게도 감정
이 쌓여 있었다. 물론 그렇지 않은 언론도 존재하고 참 기자
도 있겠지만, 내가 그동안 당한 것을 생각하면 그냥 기자는
모두 똑같아 보일 뿐이다.

2020년 5월 22일 '빨간아재' 영상에는 날 소독차처럼 졸
졸 쫓아오는 기자들의 영상이 예술적으로 담겨 있다.

정확하게 어떤 증거를 은닉했냐고요

내가 재판을 받으면서 가장 힘들었던 것은 스스로의 모순 때문이었다. 언론과 검찰이 만들어 낸 허상 김경록은 고액 자산관리를 하고 있는 고객과 직원 간의 관계이다. 하지만 나는 내가 살기 위해 이것을 크게 부정하지 못했다. 너무 모순된 현실이지만 결국 세상이 나에게 씌운 가면이 실제의 내가 되는 순간이었다.

위법적인 증거 획득에 대한 반론과 잘못된 진술서의 수정이 가능하지 않았다는 것과 엄청난 양의 조서와 증거 목록, 증거 기록들에 대해 놀랐다는 것 정도가 재판에서의 기억이다. 검찰이 재판에 써야 한다고 법정에 제출을 하는 서류의 복사비가 120만 원 정도 든 것은 지금 생각해도 너무 황당하다. 요즘 복사비가 1장에 얼마인지는 자세히 모르겠지만 만약에 40원이라고 한다면 30,000장이다. 재판에 대비하기 위해서 이 30,000장을 봐야 한다. 대형 로펌에 변호사들이 많은 경우는 그것들을 일일이 보면서 재판 준비를 하겠지만, 그렇지 못한 경우는 도대체 어떻게 하라는 건지 이해가 되지 않았다. 처음에는 나도 좀 보려고 했는데, 아예 볼 엄두가 나지 않아 포기했다.

그런데 더 이상한 것은 자료의 반 이상이 언론기사라는 점이다. 내가 조사를 받으면서 끊임없이 반복됐던 일은, 내가 진술하는 또는 내가 진술했다고 여겨지는 내용들이 실시간으로 유출되고 곧바로 언론에 의해 기사화된다는 것이다. 그런데 그것이 다시 증거자료랍시고 법원에 제출된다는 것이 도무지 이해가 되지 않았다.

내가 보기에 검사들의 이런 형태는 두 가지를 의미한다.

하나는 명분이다. 애초에 별 다른 명분이 없으니 자꾸 기사게 나가게끔 만들어서 여론이 이렇게 들끓어서 어쩔 수 없이 수사할 수밖에 없다는 당위성을 주장하기 위함이다. 이 수사를 어떻게 왜 시작했냐는 판사들의 질문에 가장 정당한 대답이 바로 여론, 즉 국민적 관심이다. 그래서 검사들이 여론몰이를 주특기로 하는 것인지도 모르겠다.

두 번째는 방대한 자료가 주는 위압감이 아닐까? 과연 판사는 저 자료들을 일일이 살필까? 그 문서에 매몰되어 정확한 핵심을 못 짚게 하고, 눈을 흐리게 하려는 의도가 아닐까? 이런 생각들은 그냥 처음 재판에 서본 사람으로서 느낀 점이다.

그런데 1심이 끝나고 대법원 판결이 확정된 지금까지 나는 하나의 의구심을 가지고 있다. 제자리에 있어야 할 물건이 어떤 이유에서든 그 자리에 없으면, 유리한 자료든 불리한 자료든 어쨌든 그것을 확보한다는 것은 증거인멸, 정확하게 말하면 증거은닉이라고 하기에 난 처음부터 증거은닉의 죄를 인정했다. 그래서 1심 재판에서도 어떤 법리적 문제보다 형량을 낮추기 위한 변호가 주를 이루었다. 유죄와 무죄의 공방전이 아니라 형량의 합리성에 대한 공방이었다.

내가 모르는 것은 증거은닉이 아니라 은닉했다는 증거이다.

'내가 은닉했다고 하는 그 무엇인가가 과연 어떤 범죄에 사용되었다는 거지?'

참 바보 같은 이야기일 수 있지만, 이런 질문들을 하면 다들 애매모호한 답만 할 뿐 정확하게 거기서 어떤 범죄의 증거가 나왔는지 자세히 알려 주는 사람이 없다. 서류에 뭐라고 써 있기는 하지만 그게 무슨 증거인지는 모르겠다. 증거가 나오든 안 나오든 그 행위가 증거은닉에 해당하는 것인지, 아니면 아직도 수사 중인 사항이라 그 증거를 공개할 수 없는 것인지 모르겠지만, 그때나 지금이나 난 너무 법을 모른다.

1심이 끝나고 나서 검찰 쪽이나 변호인 쪽도 모두 항소를 했다. 역시나 양형의 문제, 그리고 포괄일죄, 실체적 경합범 뭐 그런 이유에서다. 1심은 2020년 6월 26일에 열렸고 2심은 2021년 2월 5일에 열린다. 1심 재판이 끝나고 채 두 달이 되지 않은 2020년 8월 11일에 검찰에서는 항소이유서를 제출했다. 항소이유서는 51페이지인데 이것을 기억하는 것은 주니어 변호사가 그 페이지를 보고 놀랐기 때문이다. 항소이유서가 이렇게 긴 것은 또 처음이라고. 아무래도 1심의 최후진술이 검사들의 심기를 단단히 건드렸나 보다. 아니면 애초부터 내가 관심사병, 밉상 그런 것일 수도 있겠다. 1심에서 120만 원의 복사비를 자랑하는 서류들과 2심 항소이유서의 51페이지. 하지만 담담했다. 150시간 특수부 조사를 받은 경험에 비하면 그리 놀랄 일도 아니니.

검찰의 항소 이유서

타인 명의의 캐딜락 승용차에 보관하였다.
...

하드디스크 3개 및 동양대 교수실 컴퓨터 본체를 위 승용
차 및 서울 양천구 목동에 있는 헬스장 개인 보관함 등지에
숨겨 두었다.
...

그 형이 너무 가벼워 부당하다
...

추가 증거은닉 범행 여부를 추궁하고 나서야 비로소 하드
디스크 은닉 사실을 진술하고 이를 제출한 바 있습니다.
...

그 범행이 대담하고 계획적
...

주거지나 사무실이 아닌 쉽게 발견할 수 없는 헬스장 개인
보관함에 은닉하기도 했습니다.
...

'범행수법이 매우 불량한 경우'에 해당
...

정경심의 본건 입시비리, 사모펀드 의혹을 규명할 수 있는 핵심증거들이 다수 발견

…

정경심 및 조국 일가의 입시비리, 사모펀드 의혹에 대한 국민적 관심이 고조되고, 조속한 진실 규명을 요구하는 목소리가 높았던 상황에서,

…

수사 초기 위와 같이 중요한 증거를 은닉한 행위는 그 범죄가 매우 중대

검찰의 항소 이유서에는 타인 명의의 캐딜락 차량이 등장한다. 검사들이 이미 알고 있었지만 기존에는 그것을 명시 안 하다가 나에게 화가 많이 났는지. 무조건 실형을 살게 해야 한다는 주장이다.

이 항소이유서를 보면서 '정경심의 본건 입시비리, 사모펀드 의혹을 규명할 수 있는 핵심증거들이 다수 발견'과 '정경심 및 조국 일가의 입시비리, 사모펀드 의혹에 대한 국민적 관심이 고조되고, 조속한 진실 규명을 요구하는 목소리가 높았던 상황에서,'에 그냥 물음표를 하나 붙이고 말았다.

빨간아재 인터뷰 (방영일 2021. 9. 19)

근데 검찰 조서라는 게 정경심 조국 교수한테 유리한 얘기는 거기에 들어가지가 않아요. 넣을 수가 없어요. 조국 교수는 죄가 없습니다. 제가 이렇게 얘기를 해요. 그 조서는 거기에 절대로 들어가지가 않아요. 양보하고 양보하고 네 시간 다섯 시간 실랑이 하고 조국 교수가 죄가 없는지 저는 알지 못하지만 죄가 있을 수도 있지 않을까요. 요렇게가 됩니다. 그게 결국 조서예요. 검찰 조서는 그렇게 될 수밖에 없어요.

근데 제가 피의자 신분으로 딱 바뀌면 그렇게도 말을 못 해요. 이 검사가 지금 물어보는 게 뭐고 원하는 게 뭐며 아니 그걸 조국 정경심 교수한테 물어봐야지 저한테 물어보십니까라고 말을 못 해요. 아 검사님 말이 맞는 거 같다. 그러면 김경록 생각에 의하면 이렇게 이렇게 한 것으로 판단된다. 그럼 그다음 날 그게 기사화가 돼서 나가는 거예요. 검찰이 이렇게 하는 이유가 이 검찰 수사는 제가 그냥 느끼기에 바람이 일어야 되거든요. 뒤에서 바람을 쳐줘야 돼요. 그런데 그 바람을 자기 스스로 일으켜요.

정확하게 어떤 증거를 은닉했냐고요

205

사실 예를 들어서 이렇게 한번 설명드릴게요. 제가 호텔에서 PC 전달했다고, 여의도 켄싱턴 호텔 노트북 가방. 그러면 실제로 그게 그렇게 중요한 자료면 그걸 언론에 노출시키면 안 되죠. 왜냐하면 그거를 압수해서 받아와야지. 그거를 언론에 노출시켜 가지고 뭔가 중요한 물건을 숨긴 사람으로 만들었잖아요. 그러면 얘네들은 이 노트북 가방을 수사에 활용을 하려 했다기보다는 이거를 통해서 정경심이 뭔가 증거를 인멸한 사람이다.

영장 받는 데도 활용을 했을 테고 구속시키는 데도 활용을 했을 테고 그 주변 여론을 형성을 하는 거예요. 그러면 그걸 언론사 기자들한테 딱 흘려주면 처음 기사받는 애는 완전 특종이죠. 그럼 걔가 기사를 딱 써요. 그럼 거기서 살이 붙어가지고 뭐를 은닉했고 거기 뭐 PC에 뭐가 있었네까지도 말이 붙어 가지고 이렇게 이렇게 부풀려지면서 그다음 날, 그 다음 다음 날 막 주변 여론이 막 형성이 돼요. 그러면 또 검사들은 그거에 자신감을 받아가지고 또 막 무리하게 수사를 하고 자기가 자기 스스로 바람을 일으켜 가지고 타고 간다.

예. 네가 그렇게 말하면 되지. 사람이 잘못한 게 없으면 왜 구속돼. 이런 식의 얘기들을 하는 사람들이 너무 많아요. 그거는 아무것도 모르고 하는 얘기고요. 그런 사람들이 들어가서 10분만 딱 조사받으면 생각이 다 바뀔 겁니다. 엘리베이터 타고 올라가면서 생각이 바뀔 걸요 아마. 그런 말 자체를 못 해요. 걔네 검사들이 제일 중요하게 생각하는 건 내가 지금 어느 편에 서 있느냐에요.

특히 저처럼 피의자 신분으로 전환된 애들은 저한테 지금 목에 칼이 채워져 있잖아요. 칼로 지금 긋냐 마냐를 걔네들이 판단을 하는데 당장 구속된다고 생각하시면 저도 되게 겁 없이 살았는데요. 구속된다고 현실로 싹 들어오면요. 뭐가 갑자기 무서운 거 봤을 때 훅 이렇게 들어오는 느낌 있잖아요. 그 느낌으로 한 달 내내 사는 거예요 거기 들어가면요. 제가 실제로 대학교 때 칼 들고 있는 강도도 만난 적 있거든요 그 사람보다 훨씬 무서워요. 얘네들은 진짜.

정말 국민적 관심이 고조되었을까, 누군가 고조되게 만들었을까? 바람을 일으킨 자가 말한다. 바람 때문에 어쩔 수 없었다고….

V. 돌아오지 않는 일상

자연인, 아니 백수가 되다

이런 일이 있기 전까지 난 그저 농구를 좋아하는 평범한 직장인이었다. 검찰 특수부에서 조사를 받고 언론의 집중포화를 맞으면서도 난 직장생활을 해야만 했다. 그런 생활 속에서 회사와의 크고 작은 마찰은 있을 수밖에 없었고 회사와도 많은 이야기를 하게 된다. 처음 검찰 조사를 받기 시작할 때 회사는 나에게 어떤 내용을 조사 받았는지 묻고 보고하라고 했다. 아마도 회사에 피해가 가는 문제가 있는지를 알고 싶었던 것 같다.

"아니, 왜 내가 회사에 검찰 조사 받은 내용을 보고해야 합니까? 새벽 4시 뭐 이렇게 나와서 전화로 보고할까요? 그게 말이 되는 얘기입니까?"

이런 식의 항의로 회사 임원들하고 갈등을 빚었었다. 부서장과 본부장과 말을 섞는 것 자체를 피했고 그들의 말을 무시했다. 너무나 말도 안 되는 얘기들을 하기에….

이렇게 지내다가 알릴레오에 내 인터뷰가 나가면서 회사가 발칵 뒤집혔다. 찾아오는 사람, 항의하는 사람, 지지하는 사람 등으로 난장판이 되었고, 이에 다시 회사는 나를 찾기 시작했다.

왜 인터뷰를 했냐는 등 처신을 그렇게 해서 회사에 피해를 입히고 있냐는 등의 이야기도 하면서 임원의 꾸지람 아닌 꾸지람이 이어졌다.

"회사 압수수색할 때 아주 자발적으로 고객의 정보를 줄 때는 언제고 이제 와서 나한테 왜 그러십니까? 내가 한 달 동안 어떻게 살아왔는데 그때는 아무런 관심도 없다가 갑자기 관심이 있는 척하면서 이렇게 하는지 난 도대체 이해가 안 갑니다."

임원도 더 이상 할 이야기가 없었는지, 더 이상 말을 잇지는 않았다. 이번에는 부사장이 만나자고 한다. 부사장은 임원과는 또 다른 태도를 보였다.

"김경록 차장, 고생 많이 했어. 무슨 고민이나 힘든 거 있으면 나한테 와서 얘기해. 회사에서 또는 내가 할 수 있는 일이 있으면 도와줄게."

　다음은 역시 대표이사 차례였다. 대표이사는 9월인가 한 대학의 취업 설명회에 가서 학생이 내 이야기를 물었을 때, PB로서 해야 할 일을 한 거라서 잘했다는 식으로 얘기했다고 한다. 실제로 수사 당시 검사가 관련 기사를 출력해서 '경록 씨 회사 대표이사는 그래도 경록 씨 편인가 봐요.'라고 보여 주기도 했다. 실제로 대표이사와 면담은 격려와 간단한 안부를 묻는 정도에서 끝났다.

　검찰 조사를 받고 있는 상황이기는 했지만 그거와는 별도로 정말 최선을 다해 일을 했다. 조사를 받으면서 그걸로 일에 영향을 받았다는 모습을 보이기 싫어서였다. 알릴레오 이후 전국 각지에서 많은 사람들이 찾아왔고 문의도 했다. 나와 거래를 하고 싶다고. 고생한다는 격려와 함께 거래를 트고 싶어 하는 사람도 있었고, 조국 교수와 대통령 욕을 하면서 나와 거래를 하고 싶다는 사람도 있었다. 하지만 난 이런 고객들의 요청을 정중히 거절했다. 내가 유명세를 타서 그걸 이용해서 실적을 올린다는 얘기는 듣고 싶지 않았을뿐더러 내가 조사 받고 있는 이 부분과 업무를 연결시키고 싶지도 않았다. 그래서 모든 조사도 내가 가진 연차를 사용해서 받았었다.

하여간 난 그것과 무관하게 기존 고객들과 정치적으로 접근하지 않은 고객들을 위해 최선을 다했다. 재판도 끝나 가고 그렇게 서서히 일상을 준비하고 있었다. 그런데 회사가 다시 나를 호출했다.

"정치적으로 부담을 느낄 수밖에 없고, 보수 언론이 자꾸 회사가 너를 감싼다는 식으로 얘기도 해서 나도 어쩔 수 없다. 대법원 판결까지만 기다려 보고 거기서도 유죄가 되면 미안하지만 회사를 나가야 될 것 같다."

좀 난감했다.

'이렇게 나는 일상을 회복할 수 없는 것인가?'

회사가 정치와 언론을 핑계로 날 내쫓으려고 하는 모습에 큰 실망감이 들었다.

압수수색 때 회사는 나를 지켜 주지 못했고, 이익이 발생할 때는 그 단물을 취하고 이제는 나에게 불편하니 나가라고 한다.

그리고 대법원 판결이 났다.

'징역 8개월, 집행유예 2년.'

회사의 일처리는 빛의 속도를 능가했다. 판결과 함께 인사위원회를 개최했다.

'자연퇴직 조항, 금고 이상의 형을 받았을 경우에는 퇴사

한다.'

이 자리에서 난 퇴사가 결정되었고, 그 인사위원회에서 가장 큰 소리로 퇴사를 주장한 사람이 나를 적극적으로 도와주겠다고 했던 부사장이라는 후문이 들려왔다.

이렇게 해서 2021년 7월 8일, 대법원 판결을 받고 2021년 8월에 퇴사를 하게 되었다. 내가 지켜본 회사의 입장은 똥파리의 생존법과 유사했다. 처음에는 검찰 앞에서 바짝 엎드려 있다가, 여론이 이쪽으로 기울면 격려를 했다가 또 여론이 저쪽으로 기울면 정치적 부담을 느낀다며 나를 해고하는 등 변화무쌍 그 자체였다.

내가 정치인이 아닌데 무슨 정치적 부담을 느낀다는 것인지. 이는 비단 회사뿐만은 아니였다. 내 주변에 어느 정도 지위를 가지고 있다는 사람들의 조언과 충고는 회사의 이런 태도와 크게 다를 바가 없었다.

회사에는 좋지 않은 감정을 가지고 있지만, 다른 동료 직원들에게는 항상 고마움과 감사한 마음을 가지고 있다. 마치 PB가 집사인 것마냥 보도되는 현실에서 같이 일하는 동료들에게 미안한 마음이 컸다. 검찰 조사 받고 여기저기 불려다닐 때 도와준 동료들도 참 많았다. 그리고 재판 과정에서

자연인, 아니 백수가 되다

항소를 하게 됐을 때 많은 직원들이 보내 줬던 탄원서는 아직도 나에게 큰 위로와 격려가 되고 있다. 10년 전 잠시 같이 파견 나갔던 나를 기억해 준 직원, 일면식도 없지만 같이 영업하는 입장에서 위로를 건넸던 직원, 한두 해 근무했던 후배 동료들까지 정말 고맙고 감사하게 생각한다. 그리고 너무나도 신기한 건 이 실명 탄원서에 회사 임원 이름은 한명도 올라가 있지 않다는 점도 참 감사하게 생각하는 일 중에 하나이다.

동전의 양면

　일련의 폭풍우에 휘말린 시기는 2019년 8월부터이다. 2019년 11월 중국 우한에서 시작된 코로나19는 세상을 뒤흔들기 시작했다. 사람이 사람을 서로 경계하고 두려워하기 시작한 시기이다. 세상은 그렇게 개인들을 각자의 공간으로, 각자의 안으로 더 들어가게 만들었고, 나는 그 이유와는 별개로 여러 가지 상황으로 고립되어 있는 상태이기도 했다.

　코로나19가 전 세계에 퍼지면서 실질적으로 자산의 감소가 엄청난 속도로 진행되었다. 내 고객들도 예외는 아니었다. 내가 어떻게 손을 쓸 수도 없었다. 고객의 입장에서는 한 투 지점은 압수수색 당하고, 그것을 관리한다는 관리자는 정치적 사건에 휘말려서 매일 언론에 보도되고, 코로나19로 인한 실질적인 자산의 감소까지…. 그것을 견뎌야 하는 상황이 무척 힘들었을 것이다.

내가 아무리 열심히 한다고는 하지만 고객의 입장은 당연히 달라야 하는 것이 정상이었다. 나한테 맡긴 돈을 다른 직원 또는 다른 회사에 맡기는 것이 당연했다.

하지만 그들은 떠나지 않았다. 자신의 자산이 감소되고 내가 어려움에 처해 있을 때 내 옆을 지켜 준 셈이다. 실제로 날 격려하기 위해 비행기를 타고 상해에서 날아온 고객도 있었다. 그런 고객들이 떠나지 않았기에 난 그 자산을 어떻게든 관리를 했고 그 수입을 바탕으로 변호사비도 내고 이 상황을 견딜 수 있었다. 나를 끝까지 믿고 버팀목이 되어 준 고객들에게 진심으로 감사한 마음을 전하고 싶다.

내가 회사를 그만두게 되어 가장 미안한 마음을 가지고 있는 것도 바로 내 고객들이다. 그렇게 그들은 나를 신뢰하고 내 옆에 있어 줬는데 내가 회사를 그만두게 되었으니 말이다. 그들의 입장에서는 한순간에 자신의 자산을 관리해 주는 관리자가 없어진 셈이다.

그런 부분이 나를 굉장히 혼란스럽게 했다. 그 고객들은 회사를 떠난 내가 그래도 자신들의 자산을 관리해 줬으면 하는 의견을 피력했지만, 현재 시스템적으로 관리할 수 있는 방법이 없어 많은 고민을 하고 있는 중이다.

이런 생각을 하면 할수록 회사에 대한 분노가 마음 한구석에서 올라온다. 지난 2년간 회사는 직원을 위해서도 고객을 위해서도 그 어떠한 옳은 판단을 내린 적이 없다. 최소한 고객을 위한 판단은 해야지.

명과 암, 흑과 백, 동전의 양면, 모두가 비슷한 말이겠지만 이처럼 진리인 말은 없다. 2년 동안을 생각하면 고마운 사람과 그렇지 않은 사람이 분명 존재하고, 그렇듯 고객 중에서도 다른 형태로 나에게 다가온 사람들도 있었다. 주로 정경심 교수 공판이나 재판을 앞둔 시점에서 나를 찾아왔다.

"내가 당신 때문에 손해를 봤는데, 이거 배상하지 않으면 나 기자회견 하고 시위할 거야."

내가 배상할 책임은 없다. 하지만 그들이 들고 나온 협박의 사유는 나의 판단을 흐리게 했다. 차라리 내 재판장에서 시위를 하는 것은 전혀 상관이 없다. 하지만 이들이 정경심 교수 공판이나 재판에서 시위를 하면 그것을 보고 언론이 어떤 말을 할지도 무서웠고, 재판에 불리한 무언가로 작용할지도 그냥 무서웠다. 이렇게 해서 몇 명의 고객의 손실분을 다 물어 줬다.

회사 직원들도 탄원서를 써준 고마운 사람들만 있는 것은 아니었다. 어느 날 조사 받다가 검사가 회사 직원들 메신저 라며 나에게 보여 준 적이 있다. 검사가 어떻게 그 자료를 가지고 있는지는 모르겠다.

> '저 새끼, 정경심 교수 애인이래.'
> '저 놈, 사모펀드로 분명 사기 쳤을 거야.'
> '김차장, 조국 교수한테 한 자리 약속 받아서 저 지랄 하고 있다.'

이런 메신저를 주고받은 사람들은 내 옆자리 직원부터 나랑 가까운 곳에 있는 직원들이었다. 워낙 내가 연극하는 허상의 김경록에 익숙한 터라, 이런 주변의 이야기에는 어떤 심리적 동요도 없었다. 검사가 이것을 보여 준 그 불순한 의도에 휘말리지 않고 초연해질 수 있는 상태가 나는 되어 있었다.

어떤 일이 생기면 누군가는 나를 믿고 무엇을 도와줘야 할지 고민을 하는 경우도 있지만, 그 반대를 생각하는 경우도 분명 존재한다. 동전의 양면처럼….
그때도 지금도 그 진리는 계속된다.

다시 꿈을 꾸다

한국투자증권에 입사하면서 하나의 꿈이 있었다.

이 회사의 최고경영자, CEO가 되어 도덕적인 증권회사를 만들고 싶었다. 물론 회사가 지금은 도덕적이지 않다는 말은 아니다. 추악한 돈과 도덕이라는 말이 조금은 상충이 되지만 그럴수록 도덕성이 경쟁력이 될 것이라고 생각했고, 그 꿈을 위해 열심히 일했다. 하지만 이제는 더 이상 그 꿈을 가질 수 없게 됐다.

이런 일련의 일들을 겪으면서 많은 생각을 하게 됐다. 정경심 교수가 감옥에 가게 된 것도, 조국 교수가 험난한 처지에 놓인 것도, 결국 나로 인한 것이 아닐까라는 생각이 항상 내 머릿속의 한 자리를 차지하고 있었다.

내가 경험한 검찰은 너무 강력했고,

내가 경험한 언론은 너무 무서웠고,

내가 경험한 법원은 너무 고집적이었다.

조국 교수와 유시민 이사장이 조금씩 나아가는 발걸음을 보면서 개인적으로 느낀 점이 많다. 세상을 바꾸는 방식이다. 상황도 좋지 않고 정말로 간절할 텐데 절대로 서두르거나 급하게 변화를 꾀하지 않는다. 본인들이 죽기 전에도 세상은 변화하지 않을 수도 있다는 듯이. 그렇게 그들은 당장 세상이 변하지 않는 것에 조급해하지 않고 묵묵히 가던 길을 조금씩 가고 있다.

발명가는 발명품을 자신이 죽기 전에 내놓기 위해 무슨 수를 쓰더라도 급하게 서둘러 발명품을 만들 것이다. 하지만 그들은 세상의 변화가 필요하다는 것을 절실하게 체감하면서도 절대 서두르지 않고 조금씩, 조금씩 그것을 바꾸려 하고 있다. 마치 세상의 진리를 다 깨달았다는 것처럼.

다른 사람의 일에 별 관심이 없던 나도 이제는 조금 변하려 한다. 검찰개혁과 언론개혁을 위해 내가 할 수 있는 일을 찾아볼 생각이다.

어떤 거대 시스템이 이 사회를 움직이는지는 모르겠지만,

오랜 선후배와 오랜 지인들이 그 시스템 안에서 서로 등을 돌리고 '배신'이라는 단어로 얽히고설켜야 했던 아픔도 회복하고.

우리 모두가 그 구조 안에서의 피해자다.
찢기고 찢기고 그렇게 우리는 버려졌다.

그런 구조가 당장 변하지 않더라도 언젠가는 변할 거라는 희망을 갖고, 더 이상 이로 인한 피해자가 생겨나지 않기를 바라는 마음으로…. 한 걸음, 한 걸음씩….

어느 멋진 날

검찰 조사를 받던 어느 토요일 오후.

검찰이 그날은 웬일로 일찍 조사를 마치고 집에 보내 줬다. 검찰청을 나서는데 수많은 사람들이 모여서 꽹과리를 치고 집회를 하고 있었다. 나는 지금까지 검사실에서 듣던 이 꽹과리 소리와 집회 소리가 조국, 정경심 교수를 구속하라는 소리인 줄 알고 있었다. 단 한 번도 창밖을 볼 수 있었던 적이 없었기에….

그런데 어느 멋진 날 검찰청을 나와 마주한 집회는 내 상상속의 그 모습이 아니었다. 검찰개혁과 언론개혁을 외치면서 정경심 교수와 조국 교수에 행해지고 있는 부당함에 항의하러 온 시민들이었다. 집회에 모인 시민들이 나를 위해 모여 있는 것은 아니었지만, 후드티를 눌러 쓰고 시민들 사이를 하염없이 걸었다. 그리고 그들과 눈을 마주치기 위해 노력했다. 마음속에서 올라오는 어떤 뭉클함을 아직도 잊을 수가 없다. 어린 아이와 함께 나온 가족, 고령의 어르신들, 몸이 불편해 보이는 장애인까지 도대체 이 사람들을 이곳으로 이끈 원동력은 무엇인지…. 그 누구와 직접 대화해 보지는 못했지만 그 공간에서 나는 느낄 수 있었다. 이들을 이곳으로 이끈 원동력은 바로 검찰에 대한 분노와 조국, 정경심 교수 가족에 대한 연민이었다. '나와 공감하는 사람들, 내가 공감하는 사람들' 아직도 그날을 잊을 수 없다.

조O아,

내가 어릴 때부터 봐왔던 모습이 틀리지 않았어. 자존감도 강하고 뭐든 열심히 당당하게 하던 모습이 기억나네. 너는 뭘 해도 잘할 거라고 나는 생각했었어.

내가 겪어 보면서 그 상황에서 무엇을 한다는 게 정말 힘들던데, 특히 너는 나보다 더 힘든 상황이었을 텐데 그런 상황에서 의사고시에 합격하고 정말 대단해.

내가 예전에 너에게 화살을 돌리라고 얘기한 것은 지금 생각해도 미안하다. 난 나의 방식대로 해결할 거고 너는 너의 방식대로 네가 살아온 삶을 부정당하지 말고 세상에 증명해 보여, 언제나 당당했던 너처럼. 항상 응원할게.

조O, 형이 처음에는 정말 섭섭했다. 집에 기자들이 오고 정신이 없으면 네가 나서서 엄마를 보호하고 항의를 해주길 바랐는데, 오히려 기자들이 많다고 밖에 못 나가는 모습에 좀 답답하기도 했다.

그런데 시간이 2년 지나고 우연치 않게 너를 만났을 때, 네가 한 말에 많은 감동을 했다. 어떻게 보면 너도 피해자고 집이 이렇게 돼서 화도 나고 분노도 했을 텐데, 넌 나에게 이렇게 얘기했어.

'내가 혜택을 많이 받고 살아서 사회에 미안하다고.' 이번 일을 겪으면서 많이 성숙해지고 성장했다는 생각이 들어. 그런데 미안해하지 마, 내가 아는 한 아빠, 엄마 옆에서 누구나 받는 혜택만 받고 살았어. 이것이 부풀려져서 마치 부정하고 불법적으로 큰 혜택을 받은 것처럼 세상이 떠들고 있지만 O이도 너도 절대 그 이상으로 받지 않았어. 그러니까 어깨 피고 네가 하고 싶은 거 마음껏 해. 우리 다음에 웃으며 같이 농구하자.

그리고 어느 멋진 날, 예전처럼 O이 가족들하고 같이 편하고 즐겁게 밥 먹자.

그렇게 죄가 된다

나는 진술했다.
조국 교수가 하드교체 사실을 알 수 없다고.
하드교체 할 때 정경심 교수가 통화한 사람과
내용은 모른다고.

검찰은 썼다.
조국 교수가 하드교체 사실을 알 수 있다고.
하드교체 할 때 정경심 교수가 아주 친한 사람한테
이 상황을 중계한다고.

그리고 언론은 썼다.

조국 교수가 하드교체 사실을 안다고.
나의 증언이 결정적인 역할을 했다고.

그렇게 검찰은 조국을 기소했다.
여론도 난리 났다고, 기사를 첨부하면서.
그리고 죄를 묻는 재판을 준비하고 있다.

하지만 이것을 판사에게 물어볼 일이냐는
동네 아이들의 수근거림이 들린다.

검찰은 말할 것이다.
내가 거짓 진술했으니 각오하라고.

그럼 나도 말할 것이다.
진실도 아닌 진술의 모래로 집을 지은 후
내가 부순 건지, 바람이 부순 건지 알 수 없는
그것을 내가 물어내야 하는 거냐고.

아이들도 아는 이런 진실 속에서
누군가는 전과자가 되고

누군가는 감옥에 가고
누군가는 재판을 받고
누군가는 대통령이 되겠다고 하고
누군가는 정치를 하고
누군가는 비밀번호를 감추고
....

*

저기 연극하는 김경록이 서 있다.
양 어깨에는 줄이 걸려져 있다.

검찰이, 언론이
그 줄을 가지고 김경록을 움직이고 있다.

허상의 김경록이 만든 이야기가
내 주변을 에워싸고 있다.

징역 8개월, 집행유예 2년,
내 몸에 박힌 전과자라는 주홍글씨.

에필로그

허상의 이야기가
내 몸에 칼날이 되어 박힌다.
칼날은 기생충으로 변해
내 몸을 조금씩, 조금씩 갉아먹는다.

기생충을 없애기 위해
펜을 들고 몸부림을 치고 있다.

줄을 가졌던 그들이 말한다.
넌 원래 기생충이라고, 다 부질없다고.

전과자는 진실을 말할 권리가 없다고,
우리가 만든 허상이 바로 진짜 너라고.

줄을 가졌던 그들이 다시 말한다.
몸부림치면 칠수록 그 기생충을 늘려 주겠다고.

공황장애에 허덕이는 좀머가

*

보이는가? 지난 2년간 언론, 검찰,
그들이 만든 정경심 자산관리인의 모습.

책이 나오는 순간 또 이야기하겠지….
범죄자가 책을 낸다고?
범죄자가 검찰 개혁을 말하는 세상.
내용은 무시한 채 조국, 정경심과 나를 싸잡아
욕을 해댈 그들을 상상한다.

어떻게 아냐고?
지난 2년간 한 번도 그러지 않은 적이 없기에.

하지만 그들은 아는가?
그들이 말하는 김경록에 눈동자 하나,
제대로 그려 넣지 못했음을.
자신들이 만든 허상에 자신들이 손가락질하는
그 손가락이 향한 곳은 과연 어디인가?

정경심의 증거은닉, 되레 부메랑 됐다

정경심 2심도 징역 4년 유죄

'...진술 번복' 유죄 판결 영향 없어... 조국 "고통스럽다"

'알릴레오' 후폭풍... 검찰 유감 표명, KBS 기자들 긴급회의

부담 ...조국 ...

'딸 동창 진술 번복' 유죄 판결 영향 없어... 조국 "고통스럽다"

정경심 자산관리인 "하드 교체가 증거인멸" ... 檢 ...적

... "만나기 ..." "노트북 ..." ...

KBS 내부 "조국사건 재판받는 최강욱 출연 부적절" → "받긴 했다"

'정경심 PC 증거은닉 혐의' ...

정경심의 증거은닉, 되레 부메랑 됐... 재격심 조이는 펀드 수사... 매달 수억금 챙긴 정황 전부 인정"

[단독] 증... ... 징역 4년

KBS '정경심 ...도 유죄... 김경록씨 인터뷰 녹취록 공개

대법 "정경심 PC 숨긴 자산관리인 유죄"

... 증거인멸 ...

유시민 "검찰-언론 유착" VS 검찰, [단독] 최강욱이 조국에게 불리한 증언을 했다

"김경록 안 만나" → "만나긴 했다", "노트북 가방 안 받아" → "받긴 했다" 보직사퇴

PC ... 선고

유시민 "검찰-언론 유착" VS 검찰, KBS ...

유시민 '알릴레오' "5촌 조카가 사기꾼, 조국 부부는 피해자"

김경록 "정경심이 증거인...

檢 '조국 ...' ...고 전격 압수수색

檢 '증거인멸 혐의' 조국일가 ... 리인 기소

[단독] 조국 사태로 대입 바뀐 날, 조민은 의사되려 친급시험 쳤다

정경심 ... 11월8일 오후 4시쯤 ... 조국 대구...

김경록 "정경심이 증거인멸 지시했다"

조국 부부 자산관리인 기소...

... '증거인멸', 엄격하게 봐야 ... 혐의에

KBS 내부 "조국사건 ... 엄격하게 봐야" ... 출연 부적절"

한동훈 ...조국 '증거인멸', 김경록 인터뷰 편양된 편집 의혹

정경심 ... 혐의 11개중 최소 4개는 '조국 연루' ... 기소 여부 '7개월째 고심 중'

'정경심 PC은닉' 김경록... 김경록 "대질조사 하자"

檢 '증거인멸 혐의' 조국일가 자산관리인 기소

정경심 '모...' ... "공소사실 전부 인정" ... 자산관리인에 문자 남겨

'정경심 PC 증거은닉 혐의' 자산관리인 "공소사실 전부 인정" ... "나한테 들어오셨다"

... 자... 檢, 조국 정조준... 이르면 내주 피의자 신분 소환

[단독] 동양대 PC '증거 인멸, 절도' 하는 정경심, 김경록 찍었다

서 울 중 앙 지 방 법 원

판 결

사 건	0 증거은닉
피 고 인	김경록 (-0000000), 회사원
	주거 서울 은평구
	등록기준지 부산 동구 초량동
검 사	, , , (공판)
변 호 인	변호사
판 결 선 고	2020. 6. 26.

주 문

피고인을 징역 8개월에 처한다.

다만, 이 판결 확정일부터 2년간 위 형의 집행을 유예한다.

압수된 증거목록 순번   압수조서의 증 제1 내지 3호 및 증거목록 순번   압
수조서의 증 제1, 2호를 각 몰수한다.

이 유

범 죄 사 실

　피고인은 2007. 12.경부터   증권에서 고객들로부터 투자자산을 일임받아 운
영하는 PB(Private Banker)로 재직하던 중, 2010.경 위 증권사 상사로부터 VIP 고객인

그렇게 피의자가 된다

정경심 교수 자산관리인의 이야기

글 김경록
발행일 2021년 11월 30일 초판 1쇄

발행처 다반
발행인 노승현
책임편집 민이언
출판등록 제2011-08호(2011년 1월 20일)
주소 서울특별시 서초구 신반포로 47길 12 유봉빌딩 4층
전화 02) 868-4979 **팩스** 02) 868-4978

이메일 davanbook@naver.com
홈페이지 davanbook.modoo.at
포스트 post.naver.com/davanbook
인스타그램 @davanbook
페이스북 www.facebook.com/davanbook

ISBN 979-11-85264-57-8 03300

다반—일상의 책